核心素养导向的单元整体教学
小学科学

周燕◎著

图书在版编目（CIP）数据

核心素养导向的单元整体教学. 小学科学 / 周燕著
. -- 北京：世界图书出版公司，2022.12
ISBN 978-7-5232-0089-6

Ⅰ.①核… Ⅱ.①周… Ⅲ.①科学知识—教学研究—小学 Ⅳ.① G623

中国国家版本馆 CIP 数据核字 (2023) 第 012689 号

书　　　名	核心素养导向的单元整体教学. 小学科学
（汉语拼音）	HEXIN SUYANG DAOXIANG DE DANYUAN ZHENGTI JIAOXUE. XIAOXUE KEXUE
著　　　者	周　燕
总　策　划	吴　迪
责 任 编 辑	王林萍
装 帧 设 计	包　莹
出 版 发 行	世界图书出版公司长春有限公司
地　　　址	吉林省长春市春城大街 789 号
邮　　　编	130062
电　　　话	0431-86805551（发行）　0431-86805562（编辑）
网　　　址	http://www.wpcdb.com.cn
邮　　　箱	DBSJ@163.com
经　　　销	各地新华书店
印　　　刷	河北品睿印刷有限公司
开　　　本	787 mm×1092 mm　1/16
印　　　张	12
字　　　数	191 千字
印　　　数	1—3 000
版　　　次	2022 年 12 月第 1 版　2022 年 12 月第 1 次印刷
国 际 书 号	ISBN 978-7-5232-0089-6
定　　　价	45.00 元

版权所有　翻印必究

（如有印装错误，请与出版社联系）

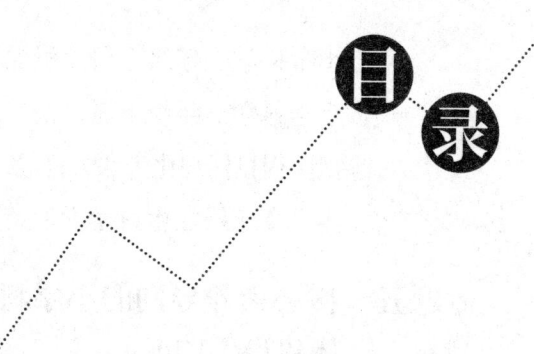

contents

专题一　核心素养导向的小学科学单元整体教学理论研究 / 1

专题二　核心素养导向的小学科学单元整体教学设计 / 6

小学科学四年级上册第六单元"技术与生活"单元教学设计 / 6

小学科学五年级上册第二单元"水循环"单元教学设计 / 34

小学科学六年级下册第五单元"探索宇宙"单元教学设计 / 59

专题三　核心素养导向的小学科学单元整体教学课堂实践 / 86

小学科学四年级上册"刹车的学问"课堂实录 / 86

小学科学五年级下册"滑轮"课堂实录 / 93

小学科学六年级上册"登上月球"课堂实录 / 102

小学科学六年级下册"太阳家族"课堂实录 / 109

专题四　核心素养导向的小学科学单元整体教学反思 / 115

小学科学五年级下册"滑轮"教学反思 / 115

小学科学五年级下册"滑轮"观评记录 / 117

小学科学五年级下册"滑轮"效果分析 / 122

把课程目标细化为课时目标　以课程标准指导课堂教学 / 125

小学高年级学生科学学习特点分析及教学建议 / 128

专题五　核心素养导向的小学科学单元整体教学教研共同体建设 / 134

共商　共研　共成长 / 134

核心素养导向下大概念引领的小学科学教学设计探索 / 138

大单元视域下小学科学综合评价体系的构建与实施 / 144

指向核心素养的小学科学教学与创客教育融合探索 / 150

专题六　核心素养导向的小学科学学业质量评测 / 157

小学科学六年级上册学期学业质量评测 / 157

小学科学素养立意六年级上册学业质量检测题目设计双向细目表 / 167

小学科学六年级上册学业质量检测题目设计自评表 / 168

小学科学六年级上册学期学业质量检测题目设计分析 / 182

后　记

奋斗的青春　无悔的教育之路 / 185

专题一 核心素养导向的小学科学单元整体教学理论研究

一、单元整体教学理论基础

单元整体教学以"整体教学"理论为基础,其心理学基础是1912年始创于德国的格式塔心理学,又叫"完形主义"。格式塔心理学者认为:应该从培养创造性思维的立场出发,不仅学生应将学习情境视为一个整体来感知,教师更应努力把学习情境作为一个整体呈现给学生。整体教学法,是一种以"教学整体"为工具,利用"教学整体"的知识性与功能性相统一的特征,规范学生的思维模式,帮助学生体验人生,把握科学知识,控制学习进度,达成学习目标,完成学习任务,构建能力素养,形成科学理念的一种教学方法。整体教学法,也可以表述为:教师向学生提供学习工具,引导学生运用学习工具,开展自主、有序、高效学习的教学方法。

二、小学科学单元整体教学设计理念

小学科学单元整体教学设计,围绕一个单元主题,基于核心概念,在明确的学习目标统领下,对一个单元的学习内容和活动进行系统规划,体现"教—学—评"一致性,整合设计,任务驱动,评价支撑,关注内在联系,关注素养发展,充分发挥和落实单元学习价值,以清晰的路径促进学生科学核心素养的提升。

三、小学科学单元整体教学设计路径

小学科学单元教学设计,从单课走向单元,创设单元主题大情境、

大任务,以研读课标、分析教材、把握学情为教学理论依据,从课程标准到单元内容,从单元核心概念、基本问题提炼和学生情况分析,到学习目标确立,基于目标进行评价任务设计,围绕目标进行课时教学设计,将过程性评价嵌入课堂教学过程,与单元总结性评价共同检测科学核心素养的达成,形成一个链条式课程实施体系。

(一)单元整体教学设计模式

1. 单元基本信息

包括单元名称、科目、课程类型、单元课时、实施时间、实施对象、班级人数、所属领域等,主要呈现基本的相关信息。

2. 单元背景分析

(1)课标分析

①相关课程标准内容陈述。本部分内容可以分为核心素养和核心概念两部分。核心素养方面,需要选取课程标准中核心素养四个方面与本单元相关的内容。核心概念,除选取相关核心概念外,还要涉及核心概念的下一层——"学习内容",至于相关学习内容的具体"内容要求",可以根据需要考虑是否选取。

②课程标准具体分析。主要分析如何以单元整体学习内容出发,达成具体"内容要求",实现核心概念下的"学习内容",进而形成对核心概念的理解。也可以补充分析本单元学习内容在54个学习内容中的位置、意义,乃至处于科学课程内容13个核心概念中的位置,以便将本部分学习内容与之前、后续学习内容建立联系,体现目标的进阶性和连续性。

(2)教材分析

建立具体学习内容与相关核心素养、核心概念之间的联系,关注知识间的内在逻辑关系,将每课内容用一条主线串成一个整体,用思维导图或结构图的形式呈现单元整体学习内容。

(3)单元概念与基本问题

基于对课程标准和教材的分析,提炼出本单元核心概念及本单元要解决的大的基本问题(大情境),基本问题之下列出每课的小问题,共同指向基本问题的解决。

（4）学情分析

主要从本学段学生认知特点、已有知识经验与基础、学习困难与障碍等方面进行分析，以便基于学情设计相关教学活动。

（5）相关技术与资源分析

包括教材、PPT、视频资源、探究材料、任务单、评价表等。

3. 单元学习目标

（1）单元目标

基于以上各方面分析，确立本单元学习目标，从科学观念、科学思维、探究实践、态度责任四个方面进行描述。

（2）使能目标

使能目标是单元整体目标的具体化，描述达成四个方面目标的具体路径，如"通过……认识、知道、了解或意识到……"。

4. 单元评价

（1）单元评价方案

基于目标，用表格的形式列出本单元总体评价方案，内容包括评价方式、课时、评价任务、执行时间。

（2）单元评价任务说明

每个评价任务的设计包括具体评价任务、评价目标、评价任务描述、评价量规四个项目。分为总结性评价任务和过程性评价任务，建立素养导向的综合评价体系。总结性评价，重视正确价值观、必备品格和关键能力的考查，应用于单元结束之后，是对单元整体目标达成度的检测；过程性评价，重视"教—学—评"一体化，关注学生在探究实践过程中的真实表现和思维活动，应用于每个课时，是对课时中探究实践活动驱动任务的评价。探索增值评价，发挥评价的诊断功能和激励作用。

5. 单元教学策略

基于单元学习内容及目标，采用怎样的策略和方法，为学生的学习提供支持和帮助。如"创设符合学生年龄特点的真实情境""采用项目化学习方式"等。

6. 规划单元教学过程

以表格的形式呈现单元整体目标、单元结构、教学过程、评价任务。大情境、大任务下的单元整体结构、目标、教学过程、评价任务互相对应，单元整体教学思路及"教—学—评"一体化概括性呈现。

（二）单元整体教学设计遵循原则

1. 基于核心素养确定教学目标

围绕核心素养，建立具体学习内容与核心素养表现之间的联系，依据学生的认知水平和已有经验，综合课标分析、教材分析、单元概念与基本问题确立教学目标。

2. 围绕核心概念组织教学内容

基于课程标准，围绕核心概念，关注知识间的内在联系，改变碎片化的教学组织方式，促进知识的结构化，把握核心概念的进阶思想，实现学生对核心概念的深度理解、有效构建和灵活运用。

3. 坚持素养导向设计评价任务

评价任务是对学生进行学习评价的工具，评价任务必须以科学核心素养为导向，进行设计、实施、分析、处理、反思、改进。强化过程评价，关注学生真实发生的进步，积极探索增值评价，推进表现性评价；健全综合评价，关注动手操作、作品展示等多种方式的综合运用，引导学生合理运用评价结果改进学习。加强师生对话交流，提高评价双方总结、反思、改进的能力和意识。

（三）课时教学设计模式

以学生为主体进行"教—学—评"一体化教学设计。以"创设情境与提出问题—自主探究与合作交流—总结反思与应用迁移"为教学活动主线，采用表格的方式呈现以学生学习为主体的活动设计，符合学生认知水平，关注学生思维与能力的发展。

课时教学设计项目设置：

1. 教学目标

从科学观念、科学思维、探究实践、态度责任四个方面进行描述，教学目标是本课时内容达成单元整体目标的具体体现。

2. 活动过程

活动过程包括时间、环节安排和学习活动,其中时间是用来监控活动安排时长的合理性,环节安排是教学过程中外显的思维发展主线,学习活动体现以学生为主体进行教学设计的理念。

3. 活动指导与支持

以探究实践为主要方式组织开展教学活动,整合探究式、项目式、体验式等教与学方式的基本要求,设计并实施引导学生深度学习、思维发展的探究与实践,体现教师对学生学习活动的指导与支持作用。

4. 阶段活动意图

将目标分解,实现探究活动设计与目标达成的一致性,避免无效活动的安排,提高课堂实效性。

5. 活动效果评价

活动效果评价是相对应的过程性评价任务在教学过程中的具化和细化,插入到每个学习活动中,通过观察学生在学习活动中的表现,了解学生的学习状况,监控教学效果的达成,以此调整相关教学内容或方法,提高活动设计的有效性。

6. 教学亮点

反观教学活动设计,结合新的教育教学理念,发现并总结符合学生认知、利于素养发展的教学策略或方法。

具体表格模式如下:

教学目标	活动过程			活动指导与支持	阶段活动意图（目标分解）	活动效果评价	教学亮点
	时间	环节安排	学习活动				

参考文献:

[1] 佚名. 单元整体教学 [J]. 英语学习, 2015.

专题二　核心素养导向的小学科学单元整体教学设计

小学科学四年级上册第六单元"技术与生活"单元教学设计

一、单元基本信息

单元名称	技术与生活	科目	科学
课程类型	国家课程	单元课时	3课时
实施时间	12月18日—12月29日	实施对象	四年级一班
班级人数	43	所属领域	技术与工程

二、单元背景分析

（一）课标分析

1.相关课程标准内容陈述

（1）与本单元内容相关的学生核心素养方面的体现

科学观念：认识常见物体的某些特征和常见材料的某些特性；知道技术产品包含科学概念、原理；知道简单的设计问题存在限制条件，并有多种设计；知道技术与工程对科学发展有促进作用。

科学思维：具有基于事物的结构、功能等展开想象的能力，初步掌握重组思维、发散思维、突破定势等创造性思维的基本方法，能基于具体事物外在特征展开想象，突破生活中常见问题的思维定式，提出有一定新颖性和合理性的观点，针对事物的外部特征进行设计，并对方案进行初步的科学分析。

探究实践：能在教师引导下，通过对具体现象与事物的观察和比较，提出可探究的科学问题，并基于已有经验和所学知识，从现象和事件发生的条件、过程、原因等方面提出假设；能运用"感官"和选择恰当的工具、仪器，观察并描述对象的外部形态特征及现象，并运用分析、比较、推理、概括等方法，分析结果，得出结论，初步具有描述对象外部特征和现象，以及分析处理信息并得出结论的能力；能准确讲述并反思自己的探究过程和结果，作出自我评价与调整，初步具有交流、反思以及评价探究过程和结果的意识；能拆开简单产品并复原，制作某种产品的简化实物模型并反映其中的部分科学原理，初步具有参与技术与工程实践的意识。

态度责任：在好奇心驱使下，乐于动手操作感兴趣的事物；知道科学学科的学习与实践要实事求是，具有基于事实表达观点的意识；能有依据地质疑别人的观点，尝试运用不同思路和方法完成探究和实践；愿意分享自己的想法，乐于倾听他人的观点，改进和完善探究活动；了解科学技术对人类生活方式和生产方式有影响。

——《义务教育科学课程标准（2022年版）》课程学段目标（节选）

（2）与本单元内容相关的科学学科核心概念

本单元内容主要对应课标中核心概念及学习内容和内容要求，如下：

核心概念：（十二）技术、工程与社会

12.1 技术与工程创造了人造物，技术的核心是发明，工程的核心是建造。

3—4年级：②举例说出工具在生产和生活中的应用，知道使用工具可以更加便利、快捷和精确；学会使用常见的工具制作简单作品；拆装简单产品，了解产品的构造和特点。

5—6年级：①知道技术包括方法、程序和产品等；知道发明的常用方法，知道发明会用到一定的科学原理。

12.2 技术与工程改变了人们的生产和生活。

3—4年级：③举例说出一些典型的技术（如交通技术、电力技术等）对人们生活的影响；尝试设计和制作某种产品的简化实物模型，并反映其中的部分科学原理。

12.3 科学、技术、工程相互影响与促进。

3—4年级：④初步说明一些技术产品涉及的科学概念或原理。

5—6年级：④初步认识技术与工程对科学发展的促进作用。

核心概念：（十三）工程设计与物化

13.1 工程需要定义与界定。

3—4年级：①描述简单的设计问题，包括材料、时间或成本等限制条件。

13.2 工程的关键是设计。

3—4年级：③根据需求和限制条件，比较多种可能的解决方案，并初步判断其合理性。

——《义务教育科学课程标准（2022年版）》课程内容（节选）

2. 课程标准具体分析

将本单元主题内容与以上课程标准要求建立联系，认识到：

（1）通过"刹车的学问""面团长大了""技术产品与生活"三课的学习，达成相关学段内容要求，共同指向学习内容"12.1、12.2、12.3、13.1、13.2"，与其他学习内容一起形成对两个核心概念的深度理解和应用——"12. 技术、工程与社会；13. 工程设计与物化"，体现"课时具体内容→学段内容要求→学段学习内容→核心概念"的目标进阶思想，实现学生在科学观念、科学思维、探究实践、态度责任相关方面的素养提升。

（2）要基于体现到3—4年级学段的核心素养的四个方面，建立本单元与核心素养表现之间的关联，依据与本单元内容相关的学业要求及学业质量标准，分析学生的认知水平和已有经验，确定素养维度的教学目标。

（3）要围绕两个核心概念及相关学习内容和具体内容要求，结合教材内容，以学生为主体进行教学设计，组织教学，关注知识间的内在联系,促进知识结构化,突出核心概念在真实情境中的应用,加强知识学习与现实生活、社会实践之间的联系,实现学生对核心概念的深度理解、有效构建和灵活应用。

(二)教材分析

"技术与生活"是青岛版小学科学四年级上册第六单元,这一单元的主要内容是以科学技术与人们生活的关系为主线,让学生知道技术产品使人们的生活更加便利、快捷、舒适。

本单元构建了"刹车的学问""面团长大了"和"技术产品与生活"3课内容。通过观察自行车的刹车装置,探究自行车的刹车系统是怎样工作的;亲历做馒头的过程,探究面团长大的秘密,了解发酵产品;通过搭廊桥,了解生活中的建筑技术产品。让学生走进科技产品,感受技术产品给人们生活带来的便利、快捷和舒适,体会科学技术创造了丰富多彩的物质世界,推动着人类文明的发展,突出了技术和人类社会的关系,体现了本单元的学习主题——技术与生活。

本单元主要内容结构图如下:

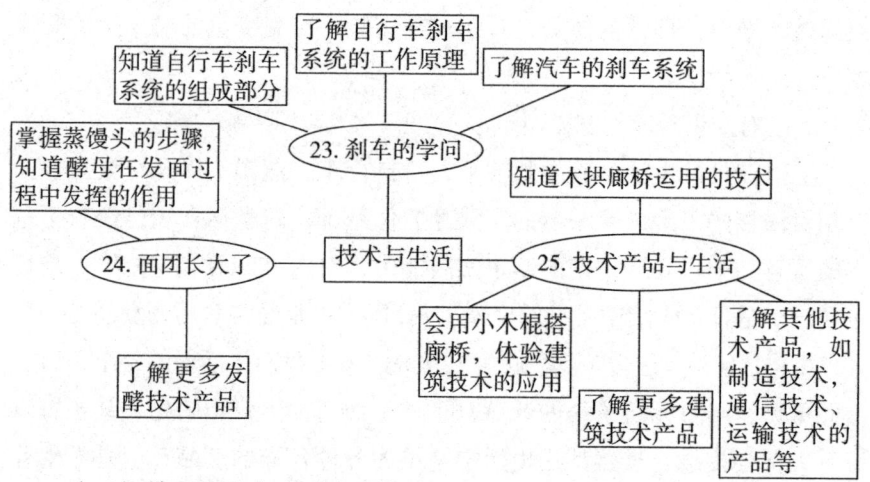

(三)单元概念与基本问题

1. 单元概念

核心概念(十二):技术、工程与社会。

核心概念(十三):工程设计与物化。

2. 基本问题

基本问题：技术、工程与我们的生产生活有什么关系？

小问题：

（1）刹车系统由哪几部分构成？

（2）刹车系统运用到哪些科学与技术？

（3）汽车的刹车系统是如何工作的？

（4）馒头是怎么做出来的？

（5）面团为什么能长大？应用了什么技术？

（6）发酵产品还有哪些？

（7）木拱廊桥有什么结构特点？如何搭建？

（8）各种建筑在设计和建造时会用到哪些建筑技术？

（9）技术产品给我们的生产生活带来了什么？

（四）学情分析

1. 认知特点

学生已经具备了一定的思维能力和探究能力，能基于生活经验，提出问题，做出合理性的猜测，对于观察实验、控制变量的对比实验等比较熟悉。

2. 已有知识经验与基础

学生在日常生活经验的影响下，对自行车、蒸馒头以及桥梁等方面有相对浅显的了解或有一定的实践经验做基础，对生活常识已经有了基本的了解，学生具有一定的动手实践能力，对探究实验兴趣浓厚。自行车和汽车是日常生活中常见的交通工具，馒头也是经常食用的食品之一，各种桥梁、建筑、运输工具、通信工具等遍布于我们生活中的各个角落。由此可见，本单元所了解的产品对于学生而言，不仅不陌生，甚至可以说每天都会接触。虽然都是生活中常见的各种各样的产品，但是学生并不了解产品背后的技术。

3. 学习困难与障碍

对于操作性的动手实践活动，学生缺乏这方面的经验积累，所以在做馒头和搭建廊桥主题活动中，需要给学生充足的探究时间，并给予必要的方法指导；由产品的作用和性能思考应用的技术与原理，对学生来说存在困难。

（五）相关技术与资源分析

教材、相关PPT、视频、学习任务单、评价表、刹车系统部件、做馒头相关材料、若干木棒。

三、单元学习目标

（一）单元总体目标

1. 科学观念

知道自行车的刹车系统由哪几部分组成，知道刹车系统的设计会运用到哪些科学与技术；了解木拱廊桥的结构特点，在搭建廊桥时，体验设计、建造廊桥的过程，知道各种建筑在设计、建造时会用到哪些建筑技术；掌握制作馒头的流程及注意事项，知道馒头是一种发酵食品。

2. 科学思维

能基于对自行车刹车系统结构、功能的认识展开想象，初步运用重组思维、发散思维、突破定势等创造性思维的基本方法，突破生活中常见问题的思维定式，针对手推车的外部特征进行设计，提出将自行车刹车系统安装到手推车上的观点，并进行初步的科学探究，验证其合理性；在搭建廊桥的过程中，能分析其特征及结构，建立事实与观点之间的联系。

3. 科学探究

在教师引导下，探究自行车的刹车系统是如何工作的，了解刹车系统各部分的功能；在教师引导下，根据木拱廊桥的特征，自己动手搭建廊桥；能通过口述、图示等方式表达自己的设计与想法，并完成制作过程；能通过观察，了解发酵的过程，体验发酵使面团内部结构发生的变化；能对自己和他人的作品或制作过程提出改进建议。

4. 态度责任

能在好奇心的驱使下，对自行车、汽车的刹车系统表现出探究欲望；

能对生活中的建筑技术产品表现出探究兴趣；能在认识建筑技术的基础上，了解更多的技术，如交通技术、电力技术、通信技术等；能对生活中更多的发酵产品表现出探究兴趣；愿意倾听、乐意与他人分享信息，树立团队合作的意识；了解每一项工程都离不开科学技术与原理；意识到工程和技术产品可以改变人们的生产和生活。

（二）使能目标

1.通过观察自行车刹车系统，认识自行车刹车装置的组成部分及其各部分的功能；通过组装刹车系统，认识到材料的性能决定其用途；通过体验刹车系统工作，认识到刹车运用了摩擦原理；能针对自行车的刹车部分说出结构与功能相适应性的关系。

2.针对手推车的使用，能发现问题，并借助已有经验提出解决方案；能在好奇心的驱使下，表现出对刹车发生的条件、过程、原因等方面的探究兴趣；在自行车刹车系统的探究活动中仔细观察，能依据观察到的证据运用分析、比较、推理、概括等方法，分析结果，得出结论。

3.通过为解决手推车使用过程中的问题、做馒头、搭建廊桥，了解人类的需求是技术发展的关键；知道工程是以科学和技术为基础的系统性工作，感受到工程和技术对生产生活产生的重要影响，认识到科学技术对人类生活方式和思维方式的影响；意识到技术的发展和应用影响着社会发展。

4.通过体验做馒头，掌握制作馒头的基本方法；能在好奇心的驱使下，对面团发酵产生强烈的探究兴趣；能从发面的过程中了解酵母的作用，知道馒头是一种发酵食品；了解其他发酵产品。

5.通过搭建廊桥的活动，了解木拱廊桥的结构特点，知道木拱廊桥属于建筑技术产品，提高工程思维能力及动手操作能力；能够举例说出建筑技术、通信技术、运输技术等方面的产品。

6.在研究自行车刹车系统、做馒头、搭建廊桥的活动中，愿意倾听，乐于合作、与他人分享信息，表现出团队合作的意识。

四、单元评价

（一）单元评价方案

小学科学（四上）单元名称：技术与生活

评价方式	课时	评价任务	执行时间
过程性评价	课时1	评价任务1-1：解决手推车装载重物走下坡路速度快的问题。	学习活动一
	课时2	评价任务2-1：做馒头。	学习活动一
	课时3	评价任务3-1：搭建廊桥。	学习活动二
总结性评价	课时4	评价任务A：基于对本单元所学内容的认识，画一份思维导图。	学习活动一
	课时4	评价任务B：与小组成员合作完成一份技术产品调查报告。	学习活动二

（二）单元评价任务说明

1. 单元总结性评价

评价任务A：基于对本单元所学内容的认识，画一份思维导图。

评价目标：用思维导图的方式，把每一课的学习内容之间建立联系，形成对技术与人类社会关系的认识。

评价任务描述：回顾对刹车的学问、蒸馒头、搭建廊桥的探究过程，用简短的话语概括每一课所进行的学习活动，以思维导图的形式呈现对"科学技术发展与我们生产生活关系"的系统性认识。

评价量规：

等级	等级描述
A	能把本单元的学习活动进行系统整理，在思维导图中进行有序呈现，能用合适的方式区分思维导图中的层级关系，表现出对本单元内容的系统认识，辅以相关内容的图画等。
B	能把本单元内容进行整理，用思维导图的形式呈现，会用颜色区分不同学习内容，对每一课的内容有较清晰的认识，能初步体现对单元内容的整体认识。
C	能基本呈现本单元学习内容，还需要继续补充完善。

评价任务 B：与小组成员合作完成一份技术产品调查报告。

评价目标：利用调查报告的形式，呈现对技术产品的认识与了解，意识到技术产品使我们的生活更加便利、快捷、舒适。

评价任务描述：小组成员讨论确定调查计划与分工，各自完成调查任务，汇总形成一份完整的技术产品调查报告；调查报告能呈现对身边技术产品的认识与了解及通过调查形成的总结汇报，加深对技术与生活关系的认识。

评价量规：

评价维度	★★★	★★	★	得星数量
调查方法选用	采用3种及以上调查方法	采用2种调查方法	只用上网查资料1种方法	
技术产品数量	调查了8—10种技术产品	调查了5—7种技术产品	调查了1—4种技术产品	
产品涉及领域	涉及3个以上领域	涉及2—3个领域	只涉及1个领域	
产品技术与原理	每种技术产品都有详细的技术与原理介绍	每种技术产品都有简单的技术与原理介绍	只列出了技术产品的名称	

（续表）

评价维度	★★★	★★	★	得星数量
形成调查总结	意识到科学技术的发展推动社会进步	意识到技术产品可以改变人们的生活方式和思维方式	体会到技术产品使人们的生活更加便利	
调查报告规范性	能体现各个项目，内容丰富，成员合作完成	项目较全，内容较简单，能体现小组合作	只是资料搜集，没有形成调查报告	
总评（得星总数）				

总评：15—18颗星，优秀；10—14颗星，良好；1—9颗星，加油。

2. 单元过程性评价

评价任务1-1：解决手推车装载重物走下坡路速度快的问题。

评价目标：在解决手推车装载重物走下坡路速度快问题的过程中，认识自行车刹车装置的组成部分及其各部分的功能；知道材料的性能决定其用途；了解到刹车运用了摩擦原理；能结合自行车的刹车系统说出结构与功能相适应性的关系。意识到人类需求是技术发展的关键因素。

评价任务描述：以"解决手推车装载重物走下坡路速度快问题"为任务驱动，进行自行车刹车系统的探究活动，在画一画、组装、试一试的过程中，形成对自行车刹车系统结构、功能及原理的认识；在为手推车选择合适的刹车类型时，能综合考虑可利用的条件和制约因素进行选择；能由自行车的刹车系统推想汽车刹车系统的工作过程及原理。

评价量规：

评价维度	得星情况记录	改进建议
针对手推车装载重物走下坡路速度快的问题，能由自行车联想到在手推车安装刹车系统。（★）		
结合已有经验用画图的方式清晰表达对刹车系统的认识。（★★）		

（续表）

评价维度	得星情况记录	改进建议
在观察自行车刹车系统中，能认识刹车系统的组成部分及其各部分的功能，意识到结构与功能相适应性的关系。（★★★）		
在小组内能有序参与组装刹车系统，仔细观察各部分选用的材料，思考利用了材料的什么性能，形成材料的性能决定其用途的认识。（★★★）		
能主动交流小组内的观察发现，表达完整。（★★）		
在体验刹车系统工作的过程中，能互相配合，注意观察，完整地描述刹车系统的工作过程，并思考发现刹车运用了摩擦的相关知识。（★★★★）		
能结合不同类型刹车的优势，从经济效益、环境效益等方面综合考虑，为手推车选择合适的刹车——鼓刹。（★★★）		
能由自行车刹车系统推想汽车刹车系统的结构及工作过程、原理。（★★★）		
能意识到人类需求是技术发展的关键因素。（★★）		
总评（得星总数）		

总评：18—23 颗星，优秀；12—17 颗星，良好；1—11 颗星，加油。

　　评价任务 2-1：做馒头。

　　评价目标：通过对"蒸馒头"这项任务的评价，能反馈学生对以下目标的达成度：掌握制作馒头的基本方法；能在好奇心的驱使下，对面团发酵产生强烈的探究兴趣；能从发面的过程中了解酵母的作用，知道馒头是一种发酵食品；了解其他发酵产品。意识到技术发展对我们生活的重要影响。

　　评价任务描述：由生活中经常吃的馒头引发思考，对馒头的制作方法、面团发酵产生强烈的探究兴趣，在体验做馒头的过程中，小组合作，进行实践操作、观察发现，体验成功的同时，认识酵母的作用，知道馒头是一种发酵食品,并继续了解生活中其他发酵产品。

评价量规:

评价维度	得星情况记录	改进建议
由生活中经常吃的馒头引发思考,对馒头的制作方法、面团发酵产生强烈的探究兴趣。(★)		
积极参与体验,能掌握制作馒头的基本方法。(★★)		
发面的过程中,知道先在水中加入酵母,能思考加入酵母的原因,将酵母和发面建立联系。(★★★)		
每隔一段时间,观察面团大小及其内部变化,并及时做好记录。(★★)		
通过查资料了解酵母在发面过程中的作用。(★★)		
能做出松软可口的馒头,体验成功的乐趣,知道馒头是一种发酵产品。(★★★)		
有兴趣继续了解发酵产品,并乐于分享给大家。(★★)		
能意识到技术发展对我们生活的重要影响。(★★)		
总评(得星总数)		
总评:14—17颗星,优秀;10—13颗星,良好;1—9颗星,加油。		

评价任务 3-1:搭建廊桥。

评价目标:通过对"搭建廊桥"这项任务的评价,能反馈学生对以下目标的达成度:了解木拱廊桥的结构特点,知道木拱廊桥属于建筑技术产品,提高工程思维能力及动手操作能力;能够举例说出建筑技术、通信技术、运输技术的产品;认识到科学技术对人类思维方式和生活方式的影响;意识到技术的发展和应用影响着社会发展。

评价任务描述:基于对木拱廊桥的结构特征、制作技术的认识,动手实践,尝试应用穿插别压的方法将方形小木棍搭建成简易廊桥,体验到搭建廊桥活动需要技术的支持,知道廊桥属于建筑技术产品;进一步了解生活中多种多样的建筑技术产品及用途，加深对建筑技术产品的认识；并拓展延伸到生产生活中的其他技术产品。

评价量规：

评价维度	得星情况记录	改进建议
通过图片、视频、文字等资料，认识木拱廊桥的结构特征和制作技术，能用完整的语言进行描述。（★★）		
积极参与体验，能用穿插别压的方法，利用三根木棍搭建简单结构。（★）		
能在两分钟内小组合作完成六根木棍结构的简易结构搭建，达到跨度为 30 cm 的要求。（★★）		
五分钟内，能在六根木棍基础上继续搭建，达到跨 40 cm 河流、高约 3.5 cm 纸盒能穿过的要求，能顺利通过检测。（★★★）		
搭建的廊桥比较牢固结实，不易松垮。（★★）		
在搭建活动中，体验到搭建廊桥活动需要技术的支持，认识到工程是以科学和技术为基础的系统性工作；知道廊桥属于建筑技术产品。（★★）		
能说出至少三种其他建筑技术产品及用途。（★★）		
对建筑技术产品以外的其他技术产品有所了解，乐于交流分享。（★★）		
认识到科学技术对人类思维方式和生活方式的影响；意识到技术的发展和应用影响着社会发展。（★★）		
体会到技术产品给生活带来便捷的同时，对手机等技术产品的负面影响有一定的认识。（★★）		
总评（得星总数）		
总评：17—20 颗星，优秀；13—16 颗星，良好；1—12 颗星，加油。		

五、单元教学策略

一是创设符合学生年龄特点的真实情境中的工程问题，有针对性地提出任务，着重在成本核算、迭代改进等方面进行实践，引导学生基于需求与制约条件进行工程设计。

二是采用项目式学习方式，任务驱动，组织开展探究实践活动。

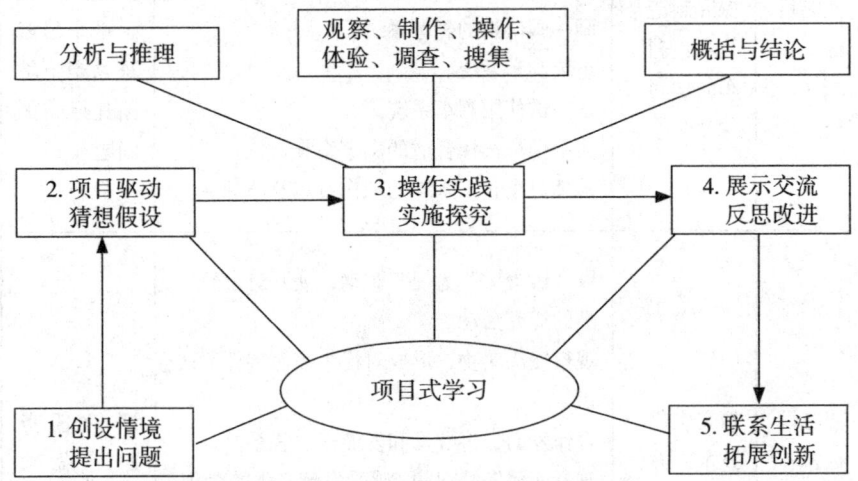

三是通过可操作的活动，培养学生解决实际问题的能力。引导学生自主设计与实施，把认识转化为具体的探究实践行为，体验技术与工程的过程，更深刻地理解技术与工程对社会的影响，逐步把知识转化为解决实际问题的能力，以更好地适应未来社会发展的需求。

四是注重训练学生工程实践能力。如材料选择、成本计算，作为思维训练的载体，需要特别重视和加强训练。

五是在探究过程中，培养学生全面地认识和看待问题的意识。理解技术进步对生活的影响，存在利与弊；将科学、技术、工程之间建立联系，体会它们之间的相互影响和促进关系。

六是学习过程的评价不追求标准答案。认可所有学生的作品与设计，引导学生从问题出发，有目的地改进作品与设计，意识到经历过程比得到结果更加重要。

六、规划单元教学活动

目标	单元结构	教学过程	评价任务
使能目标1、2、3、6	探究制造技术：刹车的学问	以"解决手推车走下坡速度快问题"作为任务驱动，展开对刹车系统的探究活动。 说一说认识的刹车系统。 画一画认识的刹车系统。 组装刹车系统。 试一试使用刹车系统。 为手推车选择合适的刹车系统。 推理汽车刹车系统的工作过程及原理。	评价任务1-1：解决手推车装载重物走下坡路速度快的问题。
使能目标3、4、6	探究生化技术：面团长大了	以"做馒头"为任务驱动，展开对发酵食品的探究活动。 观察馒头实物，形成对馒头表面特征的认识。 合作发面，将酵母和发面建立联系。 观看面团发酵视频，感受发酵产生的变化。 认识馒头是一种发酵食品。 交流生活中的发酵食品。 提升认识，发酵技术对生活的影响。 课下完成做馒头后续的过程，分享成果。	评价任务2-1：做馒头。
使能目标3、5、6	探究建筑技术及其他领域的技术产品：技术产品与生活	以"搭建廊桥"为任务驱动，展开对建筑技术产品的探究活动。 观察古代桥梁，找共同点。 猜测并认识木拱廊桥的搭建技术。 初步体验，梳理搭建方法。（用三根搭建） 难度提升，找到调整结构高度的方法。（用六根搭建） 终极挑战，尝试应用。 交流生活中其他建筑技术产品。 扩展至其他领域技术产品。	评价任务3-1：搭建廊桥。

七、单元课时教学过程

第一课时　刹车的学问

教学目标	活动过程			活动指导与支持	阶段活动意图（目标分解）	活动效果评价	教学亮点
	时间	环节安排	学习活动				
科学知识目标：了解自行车的刹车系统，认识到刹车运用了摩擦原理；认识自行车刹车装置的组成部分及其各部分的功能，掌握自行车的刹车原理，能针对自行车的刹车部分说出结构与功能的关系，通过观察刹车系统，认识到材料的性能决定其用途。	3分钟	一、创设情境，提出问题	看图说出是什么车，手推车一般在哪里应用。 带着已有的生活经验思考：可能会遇到什么问题？ （重物坠落或速度过快发生危险。）针对提出的问题思考解决办法。（加挡板、安装刹车装置。）思考并回答：由自行车想到在手推车上安装刹车装置。	出示手推车图片。 出示儿童玩具手推车。 出示手推车装载重物下坡的图片，提出问题。 追问：怎样想到了安装刹车装置？	能发现问题，并借助已有经验提出解决方案。	能认出手推车，说出应用环境。积极思考发现问题并由自行车联想到刹车系统。	创设情境，项目式问题引入，基于学生生活经验，自然联系到刹车装置。

（续表）

教学目标	时间	活动过程		活动指导与支持	阶段活动意图（目标分解）	活动效果评价	教学亮点
		环节安排	学习活动				
科学探究目标：能发现问题，并借助已有经验提出解决方案；在自行车刹车系统的探究活动中仔细观察，能依据观察到的证据运用分析、比较、推理、概括等方法，分析结果，得出结论。	8分钟	二、搭建平台，合作探究	1.画一画两分钟画出自己认识的自行车刹车装置的必备部件。三名同学上前演示使用刹车系统。仔细观察谈发现。可以结合自行车指一下刹车系统是哪一部分。认识刹车系统的三部分及其功能。并思考结构与功能之间的关系。课下修改完善画的自行车刹车装置。	先指名学生说一说认识的刹车系统，再提出要求画一画。出示演示用儿童自行车。结合图片提升学生认识：前后两套刹车系统，安装在前后轮的位置不同。引导学生认识到结构与功能的相适应性。	能用画图的方式表达、描述认识的结构。认识刹车系统的组成部分及其功能，认识结构与功能的相适应性。	能快速地用简单的图示画出知道的刹车系统。	调动学生已有经验，用画图的方式来表达，提升学生空间想象能力。

（续表）

教学目标	活动过程			活动指导与支持	阶段活动意图（目标分解）	活动效果评价	教学亮点
	时间	环节安排	学习活动				
科学态度目标：能在好奇心的驱使下，表现出对刹车发生的条件、过程、原因等方面的探究兴趣。 科学、技术、社会与环境目标：了解人类的需求是技术发展的关键，技术的发展和应用影响着社会发展。	10分钟		2.合作组装识别刹车系统三部分。合作组装，再仔细观察并思考，填写任务单。 交流观察及思考：刹车片及刹车线所用材料及选用这种材料的原因。课下补充完善画的刹车系统。	出示小组内材料图片。提出要求：时间三分钟，组装过程中观察并思考几个问题。 补充学生的认识，引导学生认识材料的性能决定其用途。	在自行车刹车系统的探究活动中仔细观察，能依据观察到的证据运用分析、比较、推理、概括等方法，分析结果，得出结论。	对合作组装刹车系统表现出极大的兴趣，能互相配合，并认真观察，讨论交流自己的想法，能在组内达成一致。	对教材活动进行补充，增加组装的活动，让学生在组装过程中观察发现材料及其性能之间的关系。

（续表）

教学目标	活动过程		活动指导与支持	阶段活动意图（目标分解）	活动效果评价	教学亮点
	时间安排	环节安排 学习活动				
	10分钟	3.试一试 在小组内用车轮模拟自行车行驶，尝试使用刹车系统，仔细观察刹车系统如何实现制动减速，并分析概括其工作原理。 交流发现。一个小组展示并汇报发现及思考。其他组补充。 思考并谈想法：自行车的刹车类型不同，安装哪一种合适，还有如何安装的问题。 进一步认识常用的四种刹车类型，为手推车选择合适的刹车，并说明理由。 尝试描述材料、结构、功能、科学技术、人类需求之间的关系。	提出要求：三分钟内完成；观察思考刹车系统工作过程及原理；操作过程中注意安全。 梳理、补充各组发现，得出结论，刹车系统的工作原理。 提出：是否可以将组装的刹车系统安装到手推车上。 出示相关图片。 引导学生从手推车的工作环境、用途、价格等方面考虑。 总结提升，将黑板上几个关键词进行关联。 提出探究的过程完成了一次发明创造。	能在好奇心的驱使下，表现出对刹车发生的条件、过程、原因等方面的探究兴趣。 从生活经验出发，综合各方面因素考虑，并说明依据或理由。 思维提升，学会用结构关系图将认识系统化。 激发创造发明的兴趣。	积极探究，能用语言完整表达刹车系统工作过程。 能用摩擦力解释原理。 敢于提出不同意见，能接受别人合理建议。 对发明创造产生极大兴趣。	在亲身体验中，明确工作过程，总结工作原理，并逐步将几个关键词建立联系。 引导学生综合各方面制约因素思考问题，思维能力训练。 渗透创造发明的方法，激发学生的探究兴趣。

（续表）

教学目标	时间	活动过程		活动指导与支持	阶段活动意图（目标分解）	活动效果评价	教学亮点
		环节安排	学习活动				
	9分钟	三、联系生活，拓展应用	1.观察带刹车手推车工作过程，初步体验设想变为现实的成就感。思考电动手推车的作用，体会移植发明法为生活带来的方便。2.观察汽车刹车系统，找出三部分，推测汽车的刹车原理，观看动画了解其工作过程。思考科学技术发展与人类需求的关系。课下继续研究、发现、创造，改善生活，推动社会进步。	出示带刹车手推车及其工作过程视频。出示电动手推车。出示汽车刹车系统图片及动画展示其工作过程。总结刹车系统的工作原理是相同的。介绍刹车技术的应用范围。	了解人类的需求是技术发展的关键，技术的发展和应用影响着社会发展。	能在复杂的结构中找到刹车系统的三部分。能联系生活实际发现人类需求与科技发展及社会进步之间的关系。	设想变为现实，体验成功的乐趣。联系生活，发现人类需求是科学技术发展乃至社会进步的动力。

（续表）

板书设计	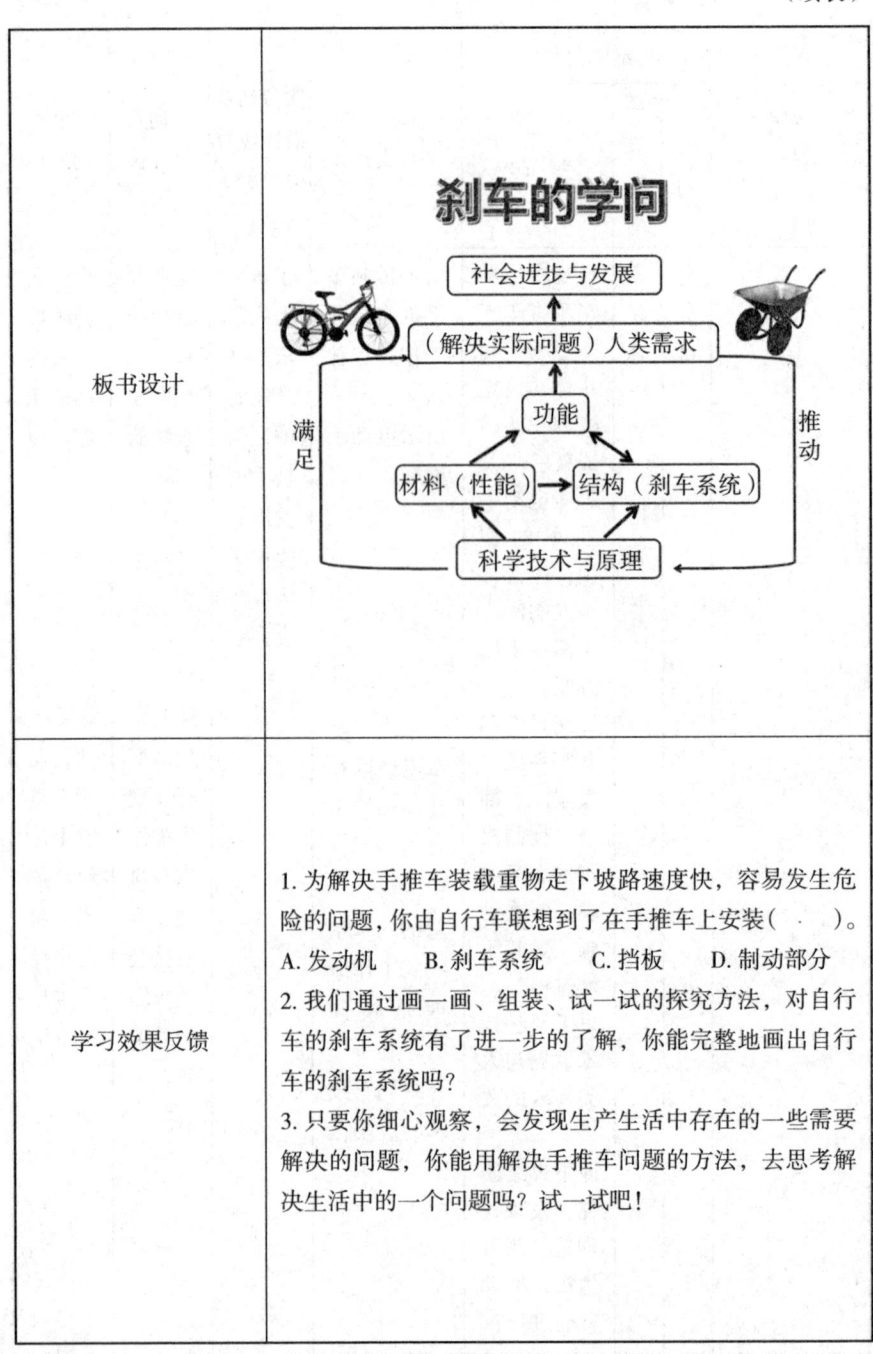
学习效果反馈	1. 为解决手推车装载重物走下坡路速度快，容易发生危险的问题，你由自行车联想到了在手推车上安装（　　）。 A. 发动机　　B. 刹车系统　　C. 挡板　　D. 制动部分 2. 我们通过画一画、组装、试一试的探究方法，对自行车的刹车系统有了进一步的了解，你能完整地画出自行车的刹车系统吗？ 3. 只要你细心观察，会发现生产生活中存在的一些需要解决的问题，你能用解决手推车问题的方法，去思考解决生活中的一个问题吗？试一试吧！

第二课时 面团长大了

教学目标	活动过程			活动指导与支持	阶段活动意图（目标分解）	活动效果评价	教学亮点
	时间	环节安排	学习活动				
科学知识目标：知道馒头是一种发酵食品。科学探究目标：在教师引导下，能从发面的过程中思考并通过查阅资料，了解酵母的作用及其他发酵产品，掌握馒头制作的基本方法。	3分钟	创设情境，提出问题	1. 观察完整馒头和掰开的馒头实物。2. 交流观察结果。3. 对馒头的表面特征形成认识。4. 提出问题：馒头是怎么做出来的？5. 交流自己的认识。	1. 给学生呈现馒头实物，引导学生观察交流并提出问题。2. 呈现相关图片视频，补充馒头制作的基本方法。	1. 知道科学探究要从提出问题开始。2. 能在好奇心的驱使下，对科学探究产生兴趣。	能仔细观察并有发现；能提出问题并交流已有认识。	1. 结合日常生活中常见的馒头提出问题，能充分调动和激发学生的学习兴趣。

（续表）

教学目标	活动过程			活动指导与支持	阶段活动意图（目标分解）	活动效果评价	教学亮点
	时间	环节安排	学习活动				
	25分钟	活动推进，自主探究	1. 学生以小组为单位，先进行发面，注意要先将酵母放入温水，搅拌溶解后，倒入面粉中和面。2. 提出问题：为什么在水中加入酵母？3. 交流认识，将酵母和发面建立联系。4. 观看面团发酵视频，感受发酵产生的变化。5. 交流发现，认识到馒头是一种发酵食品。	1. 指导学生正确的发面方法，巡视小组操作过程，及时给予帮助。2. 引导学生提出问题。3. 补充酵母的作用。4. 出示面团发酵过程的视频。	1. 培养学生科学思维和动手能力。2. 形成对酵母作用的正确认识。3. 借助视频呈现面团发酵的过程，引导学生观察发现，认识到馒头是一种发酵食品。	能积极参与发面的过程；善于思考并提出问题；能通过交流分享认识酵母的作用；对面团发酵视频有极高的兴趣。	2. 通过动手操作培养思维及实践能力。3. 通过交流帮助学生理清思路。

（续表）

教学目标	活动过程		活动指导与支持	阶段活动意图（目标分解）	活动效果评价	教学亮点
	时间	环节安排 / 学习活动				
科学态度目标：能在好奇心的驱使下，对做馒头、面团发酵产生强烈的探究兴趣；乐于合作分享，体验成功的乐趣。 科学、技术、社会与环境目标：感受发酵技术对生活产生的重要影响。	5分钟	联系生活，拓展应用	1. 小组讨论、记录生活中的发酵食品。 2. 交流汇报。 3. 观看相关视频。 4. 认识提升：发酵技术对我们的生活产生重要影响。	1. 提出问题：除了馒头，生活中的发酵产品还有哪些？ 2. 鼓励学生小组内汇报交流。 3. 出示相关视频，补充认识，引导学生关注生活中的发酵技术产品。	1. 讨论生活中常见的发酵食品。 2. 鼓励学生运用所学知识探索生活中实际问题。 3. 感受发酵技术对生活产生的重要影响。	能积极主动分享自己的探究成果；对发酵产品产生浓厚的兴趣，认识有提升。	4. 学生在小组探究中，相互启发、相互补充，合作能力有所增强。 5. 将课上没有完成的探究活动，延伸到课下继续完成，经历完整的过程。

29

第三课时 技术产品与生活

教学目标	活动过程			活动指导与支持	阶段活动意图（目标分解）	活动效果评价	教学亮点
	时间	环节安排	学习活动				
科学知识目标：了解建筑技术产品木拱廊桥的结构特点；知道穿插别压的建筑技术。	5分钟	创设情境，提出问题	1.观看《清明上河图》，仔细观察画面正中那座横跨汴水两岸的桥梁，听老师介绍：其跨度达到20米，载重量相当于今天的2—3吨卡车。2.观察其他类似的桥梁视频，找共同点，说一说发现。3.猜测：木拱廊桥的搭建主要运用什么技术原理？4.说一说认识和感受。	1.呈现《清明上河图》，将正中桥梁放大，介绍其跨度和载重量。2.出示其他古老木拱廊桥图片。3.出示动画演示木拱廊桥的搭建技术；总结，这种桥梁展现了中国古代桥梁的高超技艺。	由《清明上河图》引入，学生感受古人智慧的同时，震惊于廊桥的搭建技术，是如此独特、巧妙，瞬间激发强烈的探究兴趣。	能认真观察，对桥梁的结构表现出极大的探究兴趣；能找到关键的结构特征并能清楚地表达。	1.《清明上河图》的引入，画面繁华的景象，为桥梁的重要作用做好了铺垫，能充分调动学生的探究积极性。

30

（续表）

教学目标	活动过程			活动指导与支持	阶段活动意图（目标分解）	活动效果评价	教学亮点
	时间	环节安排	学习活动				
科学探究目标：在搭建廊桥的活动中，培养学生的工程思维及动手操作能力。	30分钟	活动推进，自主探究	初步体验，激发兴趣 1. 两名学生上前尝试，其他同学观察并提出建议。 2. 梳理方法：每一根都压着第二根，同时被第三根压着。 3. 小组共同尝试。	1. 提出任务要求：用三根木棍将三个纸盒连接起来，纸盒两两相距35 cm。 2. 引导总结方法。 3. 巡视，帮助出现困难的小组。	先演示，共同寻求方法，再亲自动手试一试，初步体验，将难度降低。	能在观察演示操作中总结搭建方法；积极参与合作搭建。	2. 将难度分级，先演示再小组动手操作；由三根到六根，在六根基础上再继续搭建；由搭建简单结构到达到跨度和高度的要求，模拟解决实际问题，充分体现了进阶的思想。

（续表）

教学目标	活动过程			活动指导与支持	阶段活动意图（目标分解）	活动效果评价	教学亮点
	时间	环节安排	学习活动				
科学态度目标：探究木拱廊桥的活动中产生好奇心，并对周围的技术产品表现出探究兴趣。			终极挑战，尝试应用 1. 观察搭建的结构，发现就像一座拱桥模型，模型中缺桥面。 2. 小组讨论，制定简单方案。 3. 合作尝试，边搭建边测试，达到任务要求。 4. 全班交流，小组间提出改进建议。 5. 谈搭建的体会与感受：体验到搭建的不易，认识到搭建廊桥需要技术的支持。	1. 引导学生观察发现。 2. 提出任务要求：五分钟内，在六根结构的基础上进行搭建，跨度为40 cm河流，高约3.5 cm纸盒能穿过。 3. 巡视指导。 4. 组织反思评价。	将任务要求提升，模拟真正的桥梁，需要有跨度和高度，运用所学解决实际问题。展示交流，互相借鉴、学习。	能提出搭建的结构各部分相当于拱桥的哪部分；能制定出简单的搭建方案；能搭建成功；乐于接受其他组的建议。	过程中关注观察方法的指导和搭建方法的梳理，培养学生的工程思维和动手能力。

（续表）

教学目标	活动过程			活动指导与支持	阶段活动意图（目标分解）	活动效果评价	教学亮点
	时间	环节安排	学习活动				
科学、技术、社会与环境目标：知道工程是科学和技术为基础的系统工程；意识到工程和技术改变了人们的生产生活；了解科学技术对人类生活方式和思维方式的影响。	5分钟	联系生活，拓展延伸	1.说一说生活中还有哪些建筑技术产品，大家互相补充交流，并介绍运用的技术及其用途。2.扩展到其他领域的技术产品：运输、通信，包括前两课的生化、制造等。3.感受技术给生活带来便捷的同时，要注意其负面影响，如手机、电脑网络的使用等。	1.介绍木拱廊桥属于建筑技术产品。2.补充建筑技术产品运用的技术。3.引导学生寻找发现生活中其他领域的技术产品。4.提出技术发展的负面影响，进行正确引导。	在交流中了解建筑技术产品及其他技术产品给人类带来的影响，如改变生活方式、思维方式，让生活更便捷、舒适，同时也会有负面影响。	能说出其他建筑技术产品及其用途；愿意交流自己的认识和想法；能意识到技术发展对生活的有利影响和不利影响。	1.由建筑工程技术产品铺开，延伸到其他领域的技术产品，使学生充分感受技术对生活的重要影响。2.关注技术发展的两面性。

小学科学五年级上册第二单元"水循环"单元教学设计

一、单元基本信息

单元名称	水循环	科目	科学
课程类型	国家课程	课时	4
日期	10月18日—10月29日	对象	五年级一班
人数	41	课程领域	物质科学

二、单元背景分析

（一）课标分析

1. 相关课程标准内容陈述

（1）与本单元内容相关的学生核心素养方面的体现

科学观念：初步认识物质的变化，知道物体变化时构成物体的物质可能改变也可能不改变；知道太阳、地球和月球的周期性运动以及相关的自然现象；知道地球系统不同圈层的相互作用产生了各种自然现象。

科学思维：通过分析、比较、抽象、概括等方法，抓住简单事物的本质特征，展示对事物的系统、结构、关系、过程及循环的理解，能使用或建构模型，解释有关的科学现象和过程。

探究实践：能基于所学知识，从事物的结构、功能、变化及相互关系等角度提出可探究的科学问题和研究假设，制订比较完整的探究计划；初步具有从事物的结构、功能、变化及相互关系等角度，提出问题和制订比较完整的探究计划的能力。能运用观察、实验、查阅资料等方式获取信息，用科学的语言、概念图等记录整理信息，表述探究结果，并运用分析、比较、推理、概括等方法得出科学探究的结论，判断结论与假设是否一致；初步具有获取信息、运用科学方法描述和处理信息并得出结论的能力。初步具有交流探究过程和结果，并进行评价、反思、改进的能力。

态度责任：在好奇心的驱使下，表现出对现象发生原因的因果兴趣；面对有说服力的证集，愿意调整自己的想法；就科学问题在认识上的分歧，乐于与他人进行沟通交流和辩论，基于证据反思和调整探究活动；愿意采取行动保护环境、节约资源。

——《义务教育科学课程标准（2022年版）》课程学段目标（节选）

（2）与本单元内容相关的科学学科核心概念

核心概念：（一）物质的结构与性质

1.2 空气与水是重要的物质

5—6年级：③列举日常生活中水的蒸发和水蒸气凝结成水的实例，如晒衣服、雾、玻璃窗上的水珠等。

核心概念：（十）地球系统

10.1 天气和气候

5—6年级：①知道雨、雪、雾等天气现象的成因。

10.2 水循环

7—9年级：④结合示意图，描述地球上的水在陆地、海洋和大气之间的循环过程。

——《义务教育科学课程标准（2022年版）》课程学段目标（节选）

2. 课程标准具体分析

本单元通过模拟实验进行探究，知道水在自然界中有雾、云、露、霜、雨、雪多种存在形态，能描述其形成原因，进而对自然界的水循环形成概括性认识。因教材版本与新课程标准不匹配，由此出现五年级本单元教材内容对应课标中7—9年级学段要求的情况。课程标准要求中，能对应到本单元的具体内容要求比较明确：知道雨、雪、雾等天气现象的成因；结合示意图，描述地球上的水在陆地、海洋和大气之间的循环过程；列举日常生活中水的蒸发和水蒸气凝结成水的实例，如晒衣服、雾、玻璃窗上的水珠等。这些内容要求共同指向学习内容"1.2 空气与水是重要的物质、10.1 天气和气候、10.2 水循环"，与其他学习内容一起形成对两个核心概念的理解：物质的结构与性质、地球系统。将科学观念、科学思维、探究实践和态度责任等核心素养方面的要求有机融入每课的探究学习中。

（二）教材分析

本单元由"雾和云""露和霜""雨和雪""小水滴的旅行"四课组成，是集中研究有关水的形态变化形成的大气现象、水在自然界里循环的单元。它与三年级上册第四单元"天气与我们的生活"构成小学阶段对水的三态变化及水循环认识的整体框架。

本单元各课之间有着密切联系："雾和云""露和霜""雨和雪"三课，重点是从学生的生活体验入手，使学生认识水在自然界中有雾、云、露、霜、雨、雪多种存在形态，并且多种状态之间存在着变化，通过模拟实验探究这几种大气现象形成的条件。将相近的大气现象"雾和云""露和霜""雨和雪"放到一起探究，便于引发学生思考，用区别和联系的思想进行推理和认识，区分不同的大气现象。"小水滴的旅行"是对前几课认识的综合与提升，引导学生对自然界的水循环形成概括性的认识，使学生体会到：水作为我们常见的一种重要物质，在自然界中有着不同形态的变化，这些变化是有规律的，这些规律是能够被认识的，利用这些规律可以更好地为人们服务，从而促使学生更多地关注周围常见的事物，研究常见事物，养成善于观察、善于探索的科学态度。

本单元内容结构关系图如下：

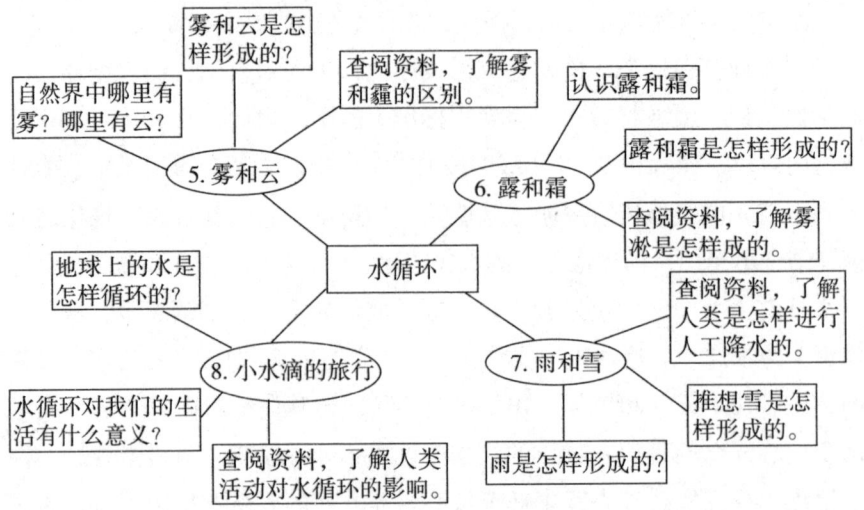

（三）单元概念与基本问题

1. 单元概念

核心概念：（一）物质的结构与性质。

核心概念：（十）地球系统。

2. 基本问题

基本问题：地球系统不同圈层如何相互作用产生各种自然现象？

小问题：

（1）雾和云是怎样形成的？

（2）露和霜是怎样形成的？

（3）雨和雪是从哪里来的？

（4）雨是怎样形成的？

（5）推想雪是怎样形成的。

（6）综合对雾、云、露、霜、雨、雪的认识，探讨水在自然界是怎样循环的。

（7）分析水循环对我们的生活有什么意义。

3. 拓展问题

（1）雾和霾有什么区别？

（2）雾凇是怎样形成的？

（3）人们是怎样进行人工降雨的？

（4）人类活动对水循环有什么影响？

（四）学情分析

1. 认知特点

学生已经具备一定的思维能力和科学探究能力，能够基于所学知识，对现象做出合理猜测，通过模拟实验的方法，类比推理大气现象的形成原因。

2. 已有知识经验与基础

经过前期的科学学习，学生知道冰、水、水蒸气在形状和体积等方面的区别；能观察并描述一般情况下，当温度升高到100℃，或降低到0℃时，水会沸腾或结冰。知道冰、水、水蒸气虽然状态不同，但都是同一种物质。对蒸发、凝结等现象能做科学解释，并能联系生活实际。

3. 学习困难与障碍

雾、云、露、霜、雨、雪等是学生比较常见的天气现象，这样的认识只停留在生活经验的层面，包括对生活中蒸发、凝结等现象的认识，是零碎的，没有形成系统的概括性认识，用"水的三态变化"猜想以上天气现象的形成原因，并通过模拟实验，结合搜集到的资料进行分析，类比推理自然界中天气现象的形成原因存在一定困难。通过对"地球上的水是怎样循环的"思考与探讨，将所学知识进行综合与分析，并认识到水循环对生活的意义，也是学生本单元学习的困难与障碍所在。

（五）相关技术与资源分析

教材、PPT、视频、学习任务单、评价表、相关实验材料。

三、单元学习目标

（一）单元总体目标

1. 科学观念

描述雾、云、露、霜、雨、雪等天气现象形成的原因；知道雾、云、露、霜、雨、雪都是水在自然界中的存在形式；描述地球上的水在陆地、海洋及大气之间处于不间断的循环之中；列举日常生活中水的蒸发和水蒸气凝结成水的实例如晒衣服、雾、玻璃窗上的水珠等；知道温度是影响水结冰和水沸腾过程的主要因素。

2. 科学思维

在探究雾、云、露、霜、雨、雪过程中，通过分析、比较、抽象、概括等方法，抓住天气现象的本质特征，展示对天气现象形成的系统、结构、关系、过程及循环的理解，能使用或建构模型，解释天气现象和过程。

3. 探究实践

能基于所学知识，对天气现象形成的原因做出假设；能基于所学知识，通过模拟实验，结合搜集到的资料进行分析，类比推理出天气现象的形成原因；能基于所学知识，运用自己擅长的方式，描述小水滴在自然界中的循环变化。

4.态度责任

能在好奇心的驱使下，对天气现象形成的条件和原因表现出探究兴趣；乐于尝试运用多种材料、多种思路、多种方法完成科学探究，体会探究的乐趣；能在小组内进行合作探究；了解水循环对人类生产生活的影响；意识到人与自然要和谐相处；认识到技术的发展和应用影响社会发展。

（二）使能目标

1.通过交流自然界中哪里有雾和云，基于生活经验和对水的三态变化的认识，对雾和云的形成原因做出假设，并通过制造雾，结合搜集的相关资料推理雾和云形成的原因，得出科学的结论。

2.通过查阅资料，了解雾和霾的区别，树立保护环境的意识，认识到人类与环境相互影响。

3.认识露和霜，表现出对露和霜形成条件、原因的探究兴趣，分析出现季节的不同，基于所学设计并完成露和霜形成的模拟实验，由此来解释自然界中露和霜形成的原因。

4.结合对露和霜形成原因的研究，推测雾凇的形成原因，通过查阅资料，形成对雾凇形成原因的正确认识。

5.通过思考露和霜给我们带来什么，意识到人类与自然相互影响。

6.通过思考"雨和雪是从哪里来的"，基于所学对雨的形成原因做出假设，并设计进行模拟实验验证假设，由此推理自然界中雨的形成原因，形成科学的认识；分析雨和雪的不同，下雨和下雪天气的相同和不同，推想雪的成因。

7.讨论雪与人类的关系，了解人工降水，意识到人类与自然相互影响，技术的发展和应用影响社会发展。

8.结合已有知识，观察小水滴的不同形态变化，思考水在大自然的循环过程，认识到水可以以不同的存在状态参与水循环的过程，形成"地球上的水在陆地、海洋及大气之间不断循环"的概念。

9.通过探讨水循环对人类生产生活的影响及人类对水循环的影响，从多角度、多方面认识水循环的意义，意识到人与自然要和谐相处。

四、单元评价
（一）单元评价方案

小学科学（五上）单元名称：水循环

评价方式	课时	评价任务	执行时间
过程性评价	课时1	评价任务1-1：制造"雾"，推理自然界中雾和云的形成原因。	学习活动二
	课时2	评价任务2-1：制造"露"和"霜"，推理自然界中露和霜的形成原因。	学习活动二
	课时3	评价任务3-1：模拟"雨"，推想自然界的雨和雪的形成原因。	学习活动二
	课时4	评价任务4-1：能讲述并画出小水滴的旅行路线。	学习活动一
总结性评价	课时5	评价任务A：基于对本单元所学内容的认识，画一份思维导图。	学习活动一
	课时5	评价任务B：在小水滴的旅行路线图中，加入雾、云、露、霜、雨、雪等天气现象，并用语言介绍路线图。	学习活动二

（二）单元评价任务说明

1.单元总结性评价

评价任务A：基于对本单元所学内容的认识，画一份思维导图。

评价目标：用思维导图的方式，把每一课的学习内容之间建立联系，形成对水以不同的存在状态在陆地、海洋、大气之间不断循环的认识。

评价任务描述：回顾对雾、云、露、霜、雨、雪天气现象形成原因的探究过程，用简短的话语概括每一课所进行的学习活动，以思维导图的形式呈现对自然界中水循环的系统性认识。

评价量规：

等级	等级描述
A	能把本单元的学习活动进行系统整理，在思维导图中进行有序呈现，能用合适的方式区分思维导图中的层级关系，表现出对本单元内容的系统认识，辅以相关内容的图画等。
B	能把本单元内容进行整理，用思维导图的形式呈现，会用颜色区分不同学习内容，对每一课的内容有较清晰的认识，能初步体现对单元内容的整体认识。
C	能基本呈现本单元学习内容，还需要继续补充完善。

评价任务 B：在小水滴的旅行路线图中，加入雾、云、露、霜、雨、雪等天气现象，并用语言介绍路线图。

评价目标：结合所画图示及语言描述，判断是否认识到：水以不同的存在状态参与水循环的过程，水在地球上的循环产生了雾、云、露、霜、雨、雪等天气现象；是否形成对"地球上的水在陆地、海洋及大气之间不断循环"主要概念的理解。

评价任务描述：基于对水的三态变化的认识，思考小水滴在自然界中的变化，用画图的方式表现出水在自然界的循环变化。在此基础上，结合对雾、云、露、霜、雨、雪形成原因的认识，将这些天气现象用文字描述或图示的方式，加入水循环的过程中，认识到"水以不同的存在状态参与水循环过程，水在地球上的循环产生了雾、云、露、霜、雨、雪等天气现象"，最终形成"地球上的水在陆地、海洋及大气之间不断循环"的主要概念。

评价量规：

评价维度	得星情况记录	改进建议
能根据日常生活中水的蒸发和水蒸气凝结成水的实例，推想水在自然界中以不同状态参与水循环的过程。（★★★）		
能将对自然界中水循环的认识用文字和箭头的方式呈现，画出小水滴的旅行路线图。（★★★）		
能把雾、云、露、霜、雨、雪等天气现象，准确地添加到小水滴旅行路线图中。（★★★）		
通过语言描述，判断是否认识到"水以不同的存在状态参与水循环的过程，水在地球上的循环产生了雾、云、露、霜、雨、雪等天气现象"；是否形成"地球上的水在陆地、海洋及大气之间不断循环"的主要概念。（★★★★★）		
总评（得星总数）		

总评：12—14颗星，优秀；8—11颗星，良好；1—7颗星，加油。

2. 单元过程性评价

评价任务1-1：制造"雾"，推理自然界中雾和云的形成原因。

评价目标：能通过猜想、设计并进行模拟实验，得出实验结论、推理的过程，形成对雾和云成因的科学认识。

任务描述：在交流自然界中哪里有雾、哪里有云的过程中，调动已有经验和认识，对雾的形成提出假设，通过制造"雾"，分析现象，验证假设，由此推理自然界中雾和云的形成原因。

评价量规：

评价维度	得星情况记录	改进建议
能说出自然界中的雾和云，表现出对雾和云形成的条件和原因进行探究的兴趣。（★）		
结合已有经验与认识对雾和云的形成做出假设。（★★）		
根据准备的材料，设计完整实验方案，并提出实验中应注意的问题。（★★★）		
在小组内能有序进行实验，有明显的实验现象，仔细观察制造的"雾"，做好观察记录。（★★★）		
实验结束，整理实验材料，放回原处。（★★）		
分析实验现象，思考"雾"是怎样形成的，验证假设，得出结论，并推理自然界中雾和云的形成原因，能进行完整的描述。（★★★★）		
总评（得星总数）		
总评：12—14 颗星，优秀；8—11 颗星，良好；1—7 颗星，加油。		

评价任务 2-1：制造"露"和"霜"，推理自然界中露和霜的形成原因。

评价目标：能通过猜想、设计并进行模拟实验，得出实验结论、推理的过程，形成对露和霜成因的科学认识。

任务描述：认识雾和霜，了解它们出现的季节不同，分析猜测雾和霜形成的条件，通过制造"露"和"霜"，分析现象，验证假设，由此推理自然界中露和霜的形成原因。

评价量规：

评价维度	得星情况记录	改进建议
能辨别自然界中的露和霜，说出分别出现在什么季节，表现出对露和霜形成的条件和原因进行探究的兴趣。（★★）		
结合雾和霜分别出现在不同季节的分析，对露和霜的形成条件做出假设。（★★）		
根据准备的材料，设计完整实验方案，并提出实验中应注意的问题。（★★★★）		
在小组内能有序进行实验，有明显的实验现象，仔细观察制造的"露"和"霜"，做好观察记录。（★★★★）		
实验结束，整理实验材料，放回原处。（★★）		
分析实验现象，思考"露"和"霜"是怎样形成的，验证假设，得出结论，并推理自然界中露和霜的形成原因，能进行完整的描述。（★★★★★）		
总评（得星总数）		
总评：16—19 颗星，优秀；11—15 颗星，良好；1—10 颗星，加油。		

评价任务 3-1：模拟"雨"，推想自然界的雨和雪的形成原因。

评价目标：能通过猜想、设计并进行模拟实验，得出实验结论、推理的过程，形成对雨和雪成因的科学认识。

任务描述：交流雨和雪来自哪里，了解下雨和下雪时天气的相同和不同，分析猜测雨和雪形成的条件，通过模拟"雨"，分析现象，验证假设，由此推理自然界中雨和雪的形成原因。

评价量规：

评价维度	得星情况记录	改进建议
能说出下雨和下雪天气的相同和不同，思考雨和雪从哪里来，表现出对雨和雪形成的条件和原因进行探究的兴趣。（★★）		
结合对雨和雪从哪里来及下雨和下雪天气异同的思考分析，对雨和雪的形成条件做出假设。（★★）		
根据准备的材料，设计完整实验方案，并提出实验中应注意的问题。（★★★）		
在小组内能有序进行实验，有明显的实验现象，仔细观察"雨"的形成，做好观察记录。（★★★）		
实验结束，整理实验材料，放回原处。（★★）		
分析实验现象，思考"雨"是怎样形成的，验证假设，得出结论，并推理自然界中雨的形成原因，能用语言进行完整的描述。（★★★）		
能根据对雨的形成原因的认识，推想雪是怎样形成的，并能用语言进行完整的描述。（★★★）		
总评（得星总数）		

总评：15—18 颗星，优秀；10—14 颗星，良好；1—9 颗星，加油。

评价任务 4-1：能讲述并画出小水滴的旅行路线。

评价目标：能用擅长的方式呈现对水在自然界的循环过程。

任务描述：基于对水的三态变化的认识，以及生活中蒸发、凝结等现象的认识，思考自然界中水以不同的存在状态参与水的循环，认识到"地球上的水在陆地、海洋及大气之间不断循环"，能讲述并画出小水滴的旅行路线。

评价量规：

评价项目	表现优良	已能做到	继续努力
能回顾水的三态变化，知道温度是变化过程中的主要因素。			
能说出生活中蒸发、凝结等现象，并由此推想水在自然界中的循环过程。			
能用简洁的语言描述水循环的过程。			
能用箭头把蒸发、降水、下渗、地表径流、地下径流、水汽输送、植物蒸腾等联系起来，完整地呈现自然界中水循环的过程。			

评价实施：根据学生个人课堂表现及呈现出的"小水滴旅行路线"，在小组内进行自评和互评。

五、单元教学策略

第一，创设真实的问题情境，引导学生设计和开展实验，对现象进行合理解释，发展科学解释能力。

第二，引导学生利用模型解释物质的变化。初步利用示意图解释生活中的水的三态变化现象。

第三，采用项目式学习方式，任务驱动，组织开展对自然界中水循环产生的各种天气现象的探究实践活动。

六、规划单元教学活动

目标	单元结构	教学过程	评价任务
使能目标1、2	探究自然界中水循环产生的天气现象一：雾和云	以"制造雾"为任务驱动，展开对雾和云的探究活动。 观看视频，提出问题。 猜测雾的形成原因，设计实验制造雾。 实验探究，交流发现，得出结论。 推理自然界中雾和云的形成原因。 雾和云对人们生产生活有什么影响。 思考雾和霾的区别，雾霾对生产生活的影响，如何减少霾现象。	评价任务1-1：制造"雾"，推理自然界中雾和云的形成原因。
使能目标3、4、5	探究自然界中水循环产生的天气现象二：露和霜	以"制造露和霜"做为任务驱动，展开对自然界中露和霜的探究活动。 对比冰镇与常温可乐外壁特征，提出问题。 观察生活中的露水，提出问题；由冰镇可乐外壁形成水珠的原因猜测露形成的原因。 设计实验制造露。 小组合作探究，观察现象，得出结论。 推理自然界中露的形成原因。 利用露的形成推测霜的形成，小组合作制造霜，分析现象，得出结论。 推理自然界中霜的形成，用完整的语言进行描述。 结合课前查阅的资料及本节课所学内容，介绍雾凇的形成。	评价任务2-1：制造"露"和"霜"，推理自然界中露和霜的形成原因。

（续表）

目标	单元结构	教学过程	评价任务
使能目标6、7	探究自然界中水循环产生的天气现象三：雨和雪	以"模拟雨"为任务驱动，展开对自然界中雨和雪的探究活动。 说一说除了露和霜、雾和云，还有哪些天气现象与水的三态变化有关，观看雨和雪的视频，提出问题。 猜想成因，设计模拟雨的实验。 通过实验现象推理自然界中雨的成因，解释冰雹的形成。 推想下雪是怎么形成的，总结雪的成因，交流人工降雨的相关知识。	评价任务3-1：模拟"雨"，推想自然界的雨和雪的形成原因。
使能目标8、9	将自然界中水循环系统化：小水滴的旅行	以"讲述并画出小水滴的旅行路线"为任务驱动，展开对自然界中水循环的探究活动。 观看视频，思考雨水和融化的雪水去哪了。 观察示意图，思考天空中的水为什么降不完（水循环变化的过程）。 总结：水在自然界里是怎样循环运动的。 用自己喜欢的方式展示"小水滴的旅行"。 交流水循环对我们的生活产生的影响。 交流人类活动对水循环的影响，提出合理、科学利用水资源的建议。	评价任务4-1：能讲述并画出小水滴的旅行路线。

七、单元课时教学过程

第一课时 雾和云

教学目标	活动过程		活动指导与支持	阶段活动意图（目标分解）	活动效果评价	教学亮点
	时间安排	环节安排				
		学习活动				
科学知识目标：知道自然界中存在雾和云，描述雾和云形成的原因，知道雾和云的不同。	5分钟	创设情境，提出问题	1.出示视频图片。2.引导学生交流生活中的雾、云现象。	由生活实例引发思考，增加趣味性，激发好奇心和切身体验。	能说出生活中的雾和云，对其形成原因表现出探究兴趣。	通过身边的现象创设情境，提出问题，让学生亲历学习过程，体现了以探究为核心的教学理念，结构模块化，过程活动化，更具整体性结构性和探究性，落实"学生是科学学习的主体"的基本理念。
		1.观看视频，大雾和云海。2.交流自己生活中看到的雾、云生活实例。3.思考云和雾是从哪里来的。				

（续表）

教学目标	时间	活动过程		活动指导与支持	阶段活动意图（目标分解）	活动效果评价	教学亮点
		环节安排	学习活动				
科学探究目标：能基于所学知识对雾和云形成的原因做出合理猜想；能通过实验制造雾，能类比推理出自然界中雾和云形成的原因。科学态度目标：对雾和云形成的原因保持探究兴趣，愿意合作交流。	10分钟	活动推进，自主探究	1. 以雾为例，思考雾的出现可能是在什么样的环境下。猜测雾的形成原因。2. 提出问题，能否利用准备的材料在教室中制造雾，设计实验。3. 交流方案，补充完善。4. 自主实验，进行探究。5. 汇报发现，得出结论：水蒸气遇冷凝结成液态水，即雾。	1. 引导学生由雾出现的环境，对雾的形成做出假设。2. 组织学生进行模拟实验设计。3. 组织交流，引导讨论实验方案和结论。	利用实验材料进行探究，体验探究的过程，发展学生思维，引导学生体验探究的全过程，提升解决问题的能力。	能从已有经验出发做出合理假设；能结合实验材料设计制造雾的模拟实验；有序参加合作探究，仔细观察，有发现。	发展学生的思维能力，探究能力，引导学生学以致用，感受科学就在我们身边。
	15分钟	总结交流，建构结论	1. 推理自然界中雾和云的形成原因。2. 感受水作为一种重要的物质，在自然界中可以以液态、气态、固态存在。并且可以在一定的条件下互相转化。3. 雾和云对人们生产生活有什么影响。	1. 引导学生认识雾和云的本质——液态的水。2. 引导学生理解水在自然界可以三种形态存在，并可以转化。3. 帮助学生联系实际生活，雾和云对人类的影响。	1. 引导学生从实验现象分析雾与什么有关，实质是什么——水。2. 引导学生思考水的变化会影响人类的生活，人类和大自然要和谐相处。	能根据实验结论推理自然界中雾和云的形成原因，乐于合作，表达交流反思提高。感受到科学技术科学原理在我们身边。	

（续表）

教学目标	活动过程		活动指导与支持	阶段活动意图（目标分解）	活动效果评价	教学亮点
	时间	环节安排 学习活动				
科学、技术、社会与环境目标：树立保护环境的意识，认识到人类与环境相互影响。	5分钟	联系生活，应用迁移	1.思考在冬季，经常发生的雾霾现象，雾和霾是不是一回事。2.雾霾对生活生产有什么影响。3.我们为了减少霾现象，可以从哪几个方面入手。	1.引导学生思考冬季常见的雾和霾的区别。资料补充认识。2.引导学生结合经验交流雾霾对人类的影响。3.引导学生树立环保意识。	使学生体会科学就在我们的身边，细致的观察、持续的努力可以成功。科学的发展改变了人们的生活。	对拓展活动充满兴趣；能区分雾和霾；能对减少霾现象提出合理化建议。	

第二课时 露和霜

教学目标	活动过程		活动指导与支持	阶段活动意图（目标分解）	活动效果评价	教学亮点
	时间	环节安排 学习活动				
科学知识目标：认识露和霜及其形成的原因。科学探究目标：设计并完成露和霜形成的模拟实验；能基于所学知识解释自然界中露和霜是怎样形成的。	3分钟	创设情境，提出问题	学生仔细观察，对比冰镇与常温可乐外壁特征。思考：炎热的夏季选哪种较凉爽，为什么？由此进一步思考冰镇可乐外壁的水珠是怎样形成的。	呈现两瓶可乐，一瓶是冰镇的、一瓶是常温的，引导学生观察、思考。	由生活经验引入，调动学生已有经验，为猜测露的成因做好铺垫。	对提出的问题非常感兴趣，能快速进入学习状态。	问题就是孩子生活里最为喜欢、常见的，孩子回答丝毫没有障碍，话题贴近生活，孩子兴趣高。

51

（续表）

教学目标	活动过程		活动指导与支持	阶段活动意图（目标分解）	活动效果评价	教学亮点
	时间安排	环节安排 学习活动				
科学态度目标：能在好奇心的驱使下，对"露"和"霜"的形成表现出进行科学探究的浓厚兴趣；能树立标准化的科学观测意识，能推测出自然界中露和霜的形成。	30分钟	自主探究，合作交流	（一）认识露 1.观察生活中的露水，提出问题。由冰镇可乐外壁形成水珠的原因猜测露形成的原因。 2.设计实验，制造露。交流补充完善方案。 3.小组内合作探究，观察现象并思考，交流汇报，得出结论。 4.推理自然界中露的形成原因。 （二）认识霜 1.观察霜的图片，利用露的形成推测霜的形成。 2.小组合作制造"霜"，向冰块上撒盐，让温度更低，观察铁桶外壁，分析现象，得出结论。 3.由实验结论推理自然界中霜的形成。用完整的语言进行描述。	1.出示生活中露水图片，引导学生猜测露水形成的原因。 2.出示材料，引导学生完善实验方案。 3.巡视指导，引导学生得出结论，并推理自然界中露的形成原因。 1.引导学生基于所学推测霜的形成。 2.针对难点：如何更好地降低温度，普及知识，加盐可使温度低于零摄氏度。 3.引导学生推理自然界中霜的形成。	根据生活经验，联系内容，很容易就能联想到一起，对事物的推理有很大帮助，也让学生知道可利用类比的方式推理。 基于对露的形成原因的探究和认识，推测霜的形成，通过制造"霜"，形成对自然界中霜的形成原因的科学认识。	能对露的形成原因做出合理假设；能利用材料设计实验进行验证；能分析现象得出结论；能用类比推理总结自然界中露的形成原因。 能积极思考，运用类比推理的方法推测霜的形成；能有序动手实验，勇于展示；能用完整的语言描述霜的形成。	学生动手实验，做中发现和收获。 学生通过先猜测再验证，经历完整的科学探究过程。 有趣的实验能激发学生的探究兴趣。

（续表）

教学目标	活动过程			活动指导与支持	阶段活动意图（目标分解）	活动效果评价	教学亮点
	时间	环节安排	学习活动				
科学、技术、社会与环境目标：认识到人类与环境会相互影响。利用气温的变化规律解决生活中的问题，让科学服务于生活。	2分钟	总结反思，应用迁移	结合课前查阅的资料及本节课所学内容，介绍雾凇是怎样形成的，大家互相补充。有兴趣的同学，课下可以试着制造"雾凇"，进一步验证。	出示相关图片，补充学生对雾凇的认识。鼓励学生课下继续探究。	联系生活，拓展认识；将探究延伸至课下。	乐于继续探究；乐于分享交流；能基于所学对雾凇的形成有合理的认识或推测。	引导学生课下进行探究，活动主题即为课上探究活动中遗留下来的问题。

第三课时　雨和雪

教学目标	活动过程			活动指导与支持	阶段活动意图（目标分解）	活动效果评价	教学亮点
	时间	环节安排	学习活动				
科学知识目标：知道雨和雪的形成原因。	3分钟	创设情境，提出问题	1.说一说露和霜、雾和云是怎样形成的？还有哪些天气现象与水状态的变化有关？交流分享自己的想法。2.观看下雨和下雪的视频。	1.提出问题。2.播放下雨和下雪的图片。	提出探究问题，激发学习兴趣。	能积极思考，根据生活经验回答问题。	通过复习前面知识的方式引入本课，起到承前启后的重要作用，为本课的探究活动打下基础。

53

（续表）

教学目标	活动过程			阶段活动意图（目标分解）	活动效果评价	教学亮点
	时间	环节安排	学习活动	活动指导与支持			

教学目标	时间	环节安排	学习活动	活动指导与支持	阶段活动意图（目标分解）	活动效果评价	教学亮点
科学探究目标：通过查阅资料的方式获取信息；能基于所学的知识，制定简单的模拟雨的形成的实验计划，并运用推理、概括等方法，得出科学探究的结论，判断结论与假设是否一致。科学态度目标：能够表现出对雨、雪的成因进行科学探究的兴趣。科学、技术、社会与环境：通过了解	20分钟	自主探究一：探究雨的成因	1.分享课前搜集的雨的资料，找出不同点。2.猜想雨的成因。3.分组讨论，设计雨的模拟实验，说出实验的各部分分别对应着自然界中的哪些现象。4.分组实验并汇报交流。5.改进实验，使效果更明显。6.学生交流，通过实验现象推理自然界中雨的成因。7.用刚才的知识解释冰雹的形成。	1.引导学生从相同的现象中去发现规律：雨跟云有关系。2.总结探究技能：假设。3.根据猜想，引导学生设计雨的模拟实验。4.组织学生汇报交流，引导学生思考如何使现象明显。（放上冰块）5.总结雨的成因。6.播放视频：雨加冰雹。7.通过资料引导学生总结冰雹的成因。	1.经历猜想—设计实验—通过实验现象推理自然界雨形成的原因这一过程，知道雨的成因。2.能基于所学的知识，通过查阅资料的方式获取信息；能制定简单的模拟雨的形成的实验计划，并运用推理、概括等方法，得出科学探究的结论，判断结论与假设是否一致。	1.课前搜集资料，乐于分享。2.根据经验和资料积极猜想雨的成因。3.善于小组合作，设计并改进雨的模拟实验。4.能通过实验现象推理自然界雨的成因，并能运用学到的知识解释冰雹的成因。	引导学生聚焦"雨的形成"这一问题设计研究方案，经历生活观察—搜集资料—猜想—设计实验方案—观察实验现象—推理雨的成因—拓展解释冰雹的形成原因这一过程，让学生明白科学探究是知道雨形成的主要途径，逻辑推理是解决问题的重要思维方法。

（续表）

教学目标	活动过程						教学亮点
	时间安排	环节安排	学习活动	活动指导与支持	阶段活动意图（目标分解）	活动效果评价	
人工降雨的技术，体会到科学技术的发展和应用为人类改造自然提供了支持，人掌握了自然规律，就可以利用自然和改造自然。	10分钟	自主探究二：探究雪的形成原因	1.根据提示，推想下雪是怎么形成的？完成记录表。2.学生交流猜想：雪的形成过程。3.总结雪的成因。	出示提示：①雨和雪的形态有什么不同？②下雪时和下雨时气温有什么不同？③它在形成过程中与雨有什么共同点？	1.基于对雨的形成原因的认识，猜想并能推理、概括出雪的成因，判断结论与假设是否一致。2.能够表现出对雪的成因进行科学探究的兴趣。	1.表现出对雪的形成原因的探究兴趣。2.能积极思考与表达交流。3.能基于对雨的形成的认识，运用推理、概括等方法，得出雪的形成原因结论。	引导运用已有的知识和经验对问题做假设性解释，同时训练了学生的推理和概括思维，提高了学生的科学探究能力。
	2分钟	总结反思，应用迁移	结合课前查阅资料，交流人们如何进行人工降水，思考：什么情况下会采用人工降水？人工降水对生产生活的影响？由此思考科学技术的发展对人类生产生活的影响。	出示相关资料补充学生对人工降水的认识。引导学生思考相关问题，形成科学的认识。	通过了解人工降雨的技术，体会到人掌握了自然规律，就可以运用科学技术利用自然和改造自然。	能通过查阅资料等方式，了解人工降水的方法，体会科学技术的发展和应用为人类改造自然提供了支持。	引导学生意识到通过掌握自然规律，运用科学技术改造自然，从而服务于生活，激发热爱科学以及应用科学解决问题的兴趣。

第四课时 小水滴的旅行

教学目标	活动过程			活动指导与支持	阶段活动意图（目标分解）	活动效果评价	教学亮点
	时间	环节安排	学习活动				
科学知识目标：描述水循环的过程，知道地球上的水在陆地、海洋及大气之间处于不间断的循环之中；能基于所学知识，说出水在地球上的循环产生了雾、云、露、霜、雨、雪等天气现象；认识到水循环与人类活动相互影响。	3分钟	创设情境，提出问题	观看视频：小水滴用不同的姿态展示着自己的美丽。思考：降到地面上的雨水和雪融化后变成的水会跑到哪里去？	出示相关PPT。引发学生思考与交流。	通过回顾所学的雨雪等天气现象，思考"小水滴会去哪里"，为学习水循环做铺垫。	表现出对水循环的探究兴趣；能积极思考并表达交流。	1.通过创设情境、抛出问题，学生根据已有生活认知，自主探讨，突出学生主体地位。

(续表)

教学目标	时间	活动过程		活动指导与支持	阶段活动意图（目标分解）	活动效果评价	教学亮点
		环节安排	学习活动				
	25分钟	活动推进，合作探究	1. 学生独立思考"小水滴会去哪里"。观察示意图：这幅图中，用箭头来表示小水滴旅行的方向。 2. 讨论新的问题：年年下雨下雪，天空中的水为什么降不完，怎么会有那么多的水？（引导学生根据图示中箭头所示水循环的过程进行讨论并交流。） 3. 总结：水在自然界里是怎样循环运动的？ 4. 用自己喜欢的方式展示"小水滴的旅行"。（可用文字表述、画示意图、思维导图、用黏土制作模型等） 5. 交流。（各小组派一人到黑板上画出图示，然后比较各个图的优缺点，集体修改，形成一幅既合理又简明的图。）	1. 引导学生认识水在自然界里的循环运动。 2. 根据学生回答点拨：地面、江河湖海、动植物身体内的水时刻都在蒸发，变成水蒸气飞散到空中；水蒸气在空中受冷变成云，云随风飘动，变成雨、雪降落下来。蒸发总在进行，天空中便有源源不断的水补充。 3. 引导学生在小组内用喜欢的方式呈现"小水滴的旅行"。	鼓励学生根据自己的生活认知和所学知识，先独立思考、再通过小组合作进行总结"小水滴旅行"过程。旨在激励学生的创新意识和探索精神，以及学生严谨的科学态度。	能仔细观察并积极思考；会用语言完整地描述水在自然界中的循环；能用自己喜欢的方式，更形象地呈现自然界中的水循环；乐于表达交流，并反思改进。	2. 鼓励学生独立思考，在观察分析中总结自然界中的水循环。 3. 激发学生的创新思维，让学生用自己喜欢的方式进行总结，加深理解，从而落实科学探究目标。

（续表）

教学目标	活动过程			活动指导与支持	阶段活动意图（目标分解）	活动效果评价	教学亮点
	时间	环节安排	学习活动				
科学探究目标：根据所学采用不同的表述方式，如箭头、思维导图、制作模型等方式，概括"小水滴旅行"的经过。科学态度目标：对地球上的水循环表现出进行科学探究的兴趣；乐于与小组成员合作交流。科学、技术、社会与环境目标：认识到人类活动会对水循环产生影响，自觉保护环境；树立科学利用水资源的观念。	2分钟	搭建平台，拓展认识	交流水循环对我们的生活产生的影响，思考利与弊。	课件出示，补充水循环对人类生活产生的利与弊。	感受大自然的馈赠，了解水循环对人类的意义，意识到自然灾害会对人类产生不利。	能积极思考，乐于分享。	4.联系生活实际，认识到人类的活动会影响水循环，呼吁大家自觉采取行动，保护环境，保护水资源。
	3分钟	联系生活，意识提升	交流人类活动对水循环的影响。提出合理、科学利用水资源的建议。	课件出示水资源的现状，引导学生节约用水与水资源保护；拓展了解我们国家及联合国采取哪些保护水资源的措施。	认识到人类活动会对水循环产生影响，自觉保护环境；树立科学利用水资源的观念。	能体会到人类不合理的活动会对自然环境有影响，能提出合理的建议，自觉保护环境及水资源。	

小学科学六年级下册第五单元"探索宇宙"单元教学设计

一、单元基本信息

单元主题	探索宇宙	学科	科学
课程类型	国家课程	单元课时	4
实施时间	5月8日—5月25日	实施对象	六年级二班
班级人数	41	所属领域	地球与宇宙科学

二、单元背景分析

（一）课标分析

1. 相关课程标准内容陈述

（1）与本单元内容相关的核心素养各方面体现

科学课程要培养的学生核心素养包括科学观念、科学思维、探究实践、态度责任。

科学观念：知道太阳、地球和月球的周期性运动以及相关的自然现象，能认识到太空探索拓宽了人类的视野；能认识到调整人类不合理的生产和生活方式，可以减少对地球环境的影响。

科学思维：能使用或建构模型，解释有关的科学现象和过程。针对具体问题提出假设，基于交流情境提出观点，建立证据与假设或观点之间的联系。基于科学原理提出有一定新颖性和合理性的观点；能进行初步的创意设计，并利用影像、文字或实物表达自己的创意。

探究实践：能运用观察、查阅资料、实地调查等方式获取信息，用科学语言记录整理信息，表述探究结果，并运用分析、比较、概括等方法得出科学探究的结论。呈现探究的过程与结果，尝试运用科学原理进行解释，对探究活动进行过程性反思和总结性评价，完善探究报告。根据证据改进实物模型的设计和制作，具有初步的构思、设计、实施、验证与改进的能力。

态度责任：乐于尝试多种思路和方法完成探究和实践，初步具有创新的兴趣；就科学问题在认识上的分歧，乐于与他人进行沟通交流和辩论，基于证据反思和调整探究活动。了解科学、技术、社会、环境之间的相互影响，愿意采取行动保护环境、节约资源。

——《义务教育科学课程标准（2022年版）》课程目标（节选）

（2）与本单元内容相关的科学学科核心概念

核心概念：（九）宇宙中的地球

9.5 地球所处的宇宙环境

5—6年级：⑤比较太阳、地球、月球的相对大小，知道太阳是一颗恒星，是太阳系的中心天体，描述太阳系八颗行星在太阳系中的相对位置。

9.6 太空探索拓展了人类对宇宙的认知

5—6年级：⑦了解人造卫星和载人航天的历史，知道太空环境对人体健康的影响，关注我国航天事业的进展。

5—6年级：⑧了解天文观测和利用航天器探测宇宙的历史，关注我国月球和深空探测事业的进展。

——《义务教育科学课程标准（2022年版）》课程内容（节选）

2. 课程标准分析

对应本学段科学课程要培养的学生核心素养，结合本单元的学习内容，从科学观念、科学思维、探究实践、态度责任四个方面展开。

分析核心概念（九）学习内容9.5"地球所处的宇宙环境"中第5条内容要求，本学段学生要从对单一天体的认识上升到对天体体系的认识，至此学生初步形成地月系、太阳系、银河系和宇宙的相对空间概念。这些内容的学习是初步的，但有利于学生初步形成宏观的宇宙空间观念。

分析学习内容9.6"太空探索拓展了人类对宇宙的认知"中第7条内容要求，认识到在本单元不仅要学习宇宙内的天体构成，已发现的固有知识，还要关注人类观察天体随技术的进步而深化和拓展，以发展的眼光看问题，了解人类探索宇宙的历程以及关注我国航天事业的发展，建构自己的宇宙观。

综上所述，"探索宇宙"单元在达成本学段核心概念的学习内容中，形成对客观事物的总体认识，知道太阳、地球和月球的周期性运动，认识到太空探索拓宽了人类的视野；知道技术与工程对科学发展有促进作用，形成相应的科学观念。运用创造性思维，基于科学原理提出有一定新颖性和合理性的观点；能进行未来家园创意设计，并利用影像、文字或实物表达自己的创意，拓展科学思维。在好奇心的驱使下，表现出对探索宇宙的兴趣；基于证据反思和调整探究活动；要运用观察、查阅资料等方式获取太阳家族成员、银河系和无限宇宙、望远镜与宇宙探索、我国及世界航天科技发展历程等相关信息，用科学语言记录整理信息，表述、呈现探究过程与结果，提升探究实践能力。了解科学、技术、社会、环境之间的相互影响，愿意采取行动保护环境、节约资源，知道地球是人类生存的唯一家园，树立态度责任意识，领悟探索浩瀚宇宙，发展航天事业，建设航天强国，是我们不懈追求的航天梦，以此形成对"宇宙中的地球"这一核心概念的理解。

（二）教材分析

1. 本单元在小学阶段的位置与作用

本单元对应学习内容"地球所处的宇宙环境"，学习内容随着年级的增高，不断扩大学生对宇宙天体的认识。在低年级，学生知道太阳能够发光发热，描述太阳对动植物和人类生活有着重要影响。在中年级，学生知道地球是一个球体，是太阳系中的一颗行星；知道太阳是一颗恒星，形成"行星""卫星""恒星"的天体概念。在本单元，学生从对单一天体的认识上升到对天体体系的认识。至此，学生初步形成地月系、太阳系、银河系和宇宙的相对空间概念，空间上的"无限"构成了小学阶段认识宇宙的基础。因此本单元既是小学阶段学生了解和认识地球与宇宙的总结单元，也为中学阶段进一步探究宇宙做好了铺垫，起到了承前启后的作用。

2. 本单元内容分析

本单元主要内容结构图如下：

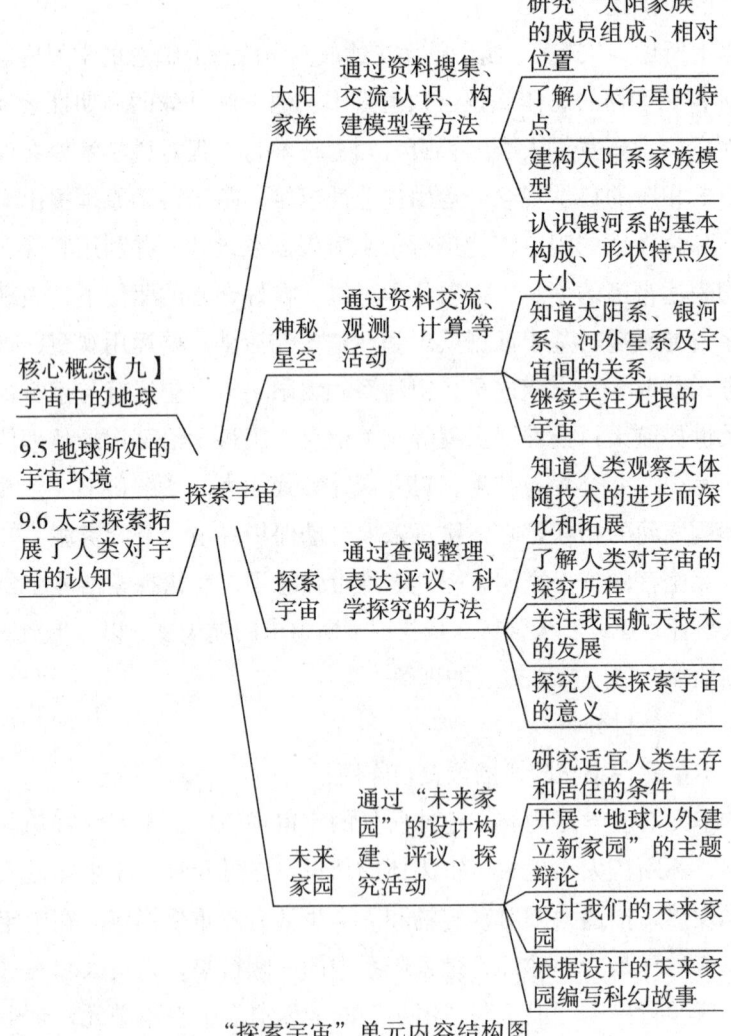

"探索宇宙"单元内容结构图

"探索宇宙"是青岛版小学科学六年级上册第五单元，单元内容以宇宙的科学探索为主线，由"太阳家族""神秘星空""探索宇宙""未来家园"四课组成，科学观念主要从以下三个层面展开："太阳家族"和"神秘星空"主要引领学生认识宇宙空间，因为太阳系的"小"无法用太系本身来说明，所以要从更大尺度的星系和宇宙空间的"大"来映衬出太阳系的"小"，通过信息资料研究活动了解太阳系、银河系、宇宙空间的相对关系；"探索宇宙"主要是通过望远镜和航天技术的发展两条主线，引领学生了解人类认识、探索宇宙空间的历程；"未来家园"主要是通过让学生构建"未来家园"的活动，形成对宇宙中星体的整体认识，意识到地球才是我们人类的唯一家园，应该尽最大的努力去保护它。

本单元的探究内容从空间、时间维度不断深化。空间维度方面，从原来认识身边事物的基础上，扩展到宏观世界，探索无限宇宙的科学奥秘；时间维度方面，以时间轴为认知线索，探索"未来世界"的变化。本单元的探究实践，以自主探究为重点，重视探究方法的培养，逐步发展学生对宇宙的认识，建构相关的具体概念，本单元注重学生对信息的搜集、分析、比较、概括、理解、判断能力的培养，注重学生主动吸收和自我更新知识能力的培养，从而逐步提高学生的探究能力。

此外，本单元与多学科相关联：人教版美术五年级上册"太空新居"、六年级下册"宇宙之旅"的内容背景都是与探索宇宙有关，这无论是知识上还是精神上都与科学的这一单元有着强烈的共鸣，从学科融合角度给学生不同的学习体验。统编版语文六年级下册第五单元围绕"科学精神"这一主题进行编排，这一单元的习作要求"展开想象，写科幻故事"，要求结合科幻故事的特点，借助相关科学知识展开想象，这对提高学生的科学素养、发展创造思维能力有积极的促进作用。

（三）单元概念与基本问题

本单元通过认识宇宙空间、了解人类探索宇宙的历程，进行"未来家园"的构建，形成对宇宙中天体的整体认知。最终主要指向核心概念——宇宙中的地球。

单元概念：宇宙中的地球

基本问题：我们的地球存在于一个怎样的宇宙空间中？

小问题：

（1）地球所在的太阳家族的成员有哪些？它们各具什么特点？

（2）茫茫的银河系与太阳系、河外星系、宇宙存在怎样的关系？

（3）人类探究宇宙的历程经历了什么？

（4）在探索宇宙中望远镜和航天技术起到了怎样的作用？

（5）宇宙探索中我国及其他国家取得了哪些重大成就？

（6）人类探索宇宙的意义是什么？

（7）适合人类居住的星体应具备怎样的条件？

（8）如何构建我们的"未来家园"？

（四）学情分析

1. 认知特点

六年级学生知识面已经比较广阔，思维的概括性和抽象性也逐渐增强，由具体形象思维逐步向抽象逻辑思维过渡。能从搜集的资料中，整理概括出有用的信息，在分析问题的过程中，可以找到主要矛盾，抓住事物的关键。

2. 已有知识经验与基础

这是小学阶段学生认识宇宙和地球的一个总单元。在前期的学习中，学生已经通过搜集信息、实际观测、模拟实验等方法对地球的结构特点、地表的变化、生物生存的基本条件、太阳的相关知识、日地月三个天体的相对运行关系及由此形成的天气现象等进行了初步探究，为本单元的探究活动做好了一定的知识基础、方法迁移和能力储备。本单元进一步将研究的视角延伸到太阳系、银河系、河外星系乃至整个宇宙，形成对宇宙的宏观认识，知道世界上还有很多奥秘等待我们探索，关注我国及世界空间技术的最新发展，构建无限空间的宇宙观。

3. 学习困难与障碍

学生对太阳系的空间观念、太阳系的构成及成员之间的关系只是大概了解，没有建立在具体的数据之上，学生对宇宙空间形成系统、整体的宏观认识有难度。而且对人类宇宙探索的历程和我国空间技术的最新发展了解较少，对各种技术手段的发展过程还不能形成系统的认识和了解。科学幻想作品的设计还未能建立在相关的科学知识之上，因此要通过本单元延续宇宙空间科学探究的动力，为科学地探索宇宙、认识世界打好基础。

（五）相关技术与资源分析

教材、相关 PPT、视频、模型材料、学习任务单、评价表。

三、确立单元教学目标

（一）科学观念

知道太阳系的组成及八大行星的排列顺序和特点；理解太阳系、银河系及宇宙的关系；了解人类对宇宙的探索历史，说出一些重要的探测宇宙的工具，领悟技术与工程对科学发展有促进作用，认识到太空探索拓宽了人类的视野；理解人类的生存离不开必要的条件，懂得地球是人类唯一家园的道理，能认识到调整人类不合理的生产和生活方式可以减少对地球环境的影响。

（二）科学思维

通过分析、比较、抽象、概括等方法，宏观地认识宇宙空间。针对人类生存所需的必备条件展开想象的能力，能运用创造性思维，进行初步的未来家园创意设计，并利用设计草图或编写科幻故事表达自己的创意。

（三）探究实践

知道科学探究可为进一步研究提供新经验、新方法、新技术。能通过对星空的观察，发现和提出问题，并运用已有的知识和经验做出猜想与假设。综合运用所学知识，能制作简易的太阳家族模型；通过本单元的探究能设计出未来家园的草图。能选择自己擅长的方式表述探究过程和结果；能对研究过程和结果进行评议。

（四）态度责任

在好奇心的驱使下，表现出对探索宇宙的兴趣，意识到科学要尊重证据。意识到人类为了探索宇宙奥秘付出的艰辛。知道科学已经能解释世界上的许多奥秘，但还有许多领域等待我们去探索。关注我国空间技术的最新发展，明确探索浩瀚宇宙，发展航天事业，建设航天强国，是我们不懈追求的航天梦。

四、单元评价设计

（一）单元评价方案

评价方式	课时	评价任务	执行时间
过程性评价	课时1	评价任务 1-1：整理搜集的信息，对太阳系形成整体认知；制作太阳系模型。	学习活动五
	课时2	评价任务 2-1：绘制地球、太阳系、银河系、河外星系及宇宙的关系图。	学习活动四
	课时3	评价任务 3-1：续写"中国航天大事记"。	学习活动四
	课时4	评价任务 4-1：设计"未来家园"。	学习活动三
总结性评价	课时4	评价任务 A：基于本单元所学内容的认识，画出"探索宇宙"单元思维导图。	学习活动四

（二）单元评价任务说明

1. 单元过程性评价

评价任务 1-1：整理搜集的信息，对太阳系形成整体认知；制作太阳系模型。

评价目标：通过对太阳系的认识，知道在太阳系中，地球、月球和其他星球有规律地运动着。

评价任务描述：能在制作太阳系模型的任务驱动下，通过回顾、解释昼夜交替、四季更替等现象的形成原因，在搜集、整理信息的基础上，展开对太阳系的组成及各天体运行规律的探索，并能基于认识采用不同的方式制作太阳系模型。

评价量规：

评价维度	评价描述	得星情况记录	改进建议
资料获取	会查阅、整理，从书刊及其他途径获得太阳系科学资料。（★★）		
制作计划	有序确定模型类型、相关材料、制作步骤、任务分工。（★★）		
构思设计	制作太阳系模型，体现出八大行星排列顺序、体积的大小、与太阳的距离。（★★★★）		
合作交流	合作完成项目，有效沟通与交流。（★★★）		
材料获取	使用合适的材料，方便制作。（★★）		
探究兴趣	对太阳家族探索活动充满兴趣。（★★）		
制作效果	制作太阳系模型数据科学、造型美观。（★★★）		
科学观念	能意识到在太阳系中，地球、月球和其他星球有规律地运动着。（★★）		
总评（得星总数）			
总评：17—20颗星，优秀；12—16颗星，良好；1—11颗星，加油。			

评价任务2-1：绘制地球、太阳系、银河系、河外星系及宇宙的关系图。

评价目标：由地球到太阳系，再到神秘的银河系、浩瀚的宇宙，从原来认识身边事物、周围事物的基础上，扩展到宏观世界，形成对宇宙空间的宏观认识。

评价任务描述：由太阳系联想到更大的宇宙空间，积极开展探索，在对银河系、宇宙的空间概念有所认识后，能利用图示表示它们之间的关系；并能意识到宇宙空间的无限性，人类目前能探知到的仅是宇宙空间的极小部分。

评价量规：

评价维度	评价描述	得星情况记录	改进建议
问题发现	通过对星空的观察，发现和提出问题。（★★）		
资料获取	会查阅、整理，从书刊及其他途径获得有关银河系的科学资料。（★）		
注重事实	通过计算，感知光年，知道银河系的广大。（★★）		
科学探究	运用分析、比较、概括的方法得出结论。（★★）		
科学知识	认识银河系的基本构成、形状特点及大小。（★★★）		
	知道太阳系、银河系、河外星系及宇宙的关系，能用图示表示它们的关系。（★★★★）		
合作交流	乐于合作，能用自己擅长的方式表达研究结果，进行交流，并参与评议。（★★）		
科学观念	意识到宇宙空间的无限性，并对宇宙空间的探索保持兴趣。（★★）		
总评（得星总数）			
总评：14—18颗星，优秀；10—13颗星，良好；1—9颗星，加油。			

评价任务 3-1：续写"中国航天大事记"。

评价目标：意识到科学研究是漫长而曲折的；感受科学技术发展对人类社会的深远影响，并为我国航天科技的迅猛发展感到自豪，同时坚定继续探索宇宙的信心和决心。

评价任务描述：能以时间轴为线索，认识人类探索宇宙漫长而曲折的历程；从空间维度思考，意识到科学技术的发展使人类探索宇宙的空间不断扩大；能在搜集整理信息中，了解空间技术的最新进展，续写"中国航天大事记"。

评价量规：

评价维度	评价描述	得星情况记录	改进建议
资料搜集整理分析	课前搜集并整理有关望远镜与宇宙探索的发展、世界及我国航天技术的发展历程的相关资料。（★★）		
探究实践	积极探究人类观察天体经历的过程。（★★）		
科学思维	能够发现人类观测宇宙的方式随技术的发展在不断地更新与进步。（★）		
探究实践	通过资料搜集、合作交流能够了解世界航天技术发展的历史，用科学语言记录整理信息。（★★）		
科学观念	认识到在人类探索宇宙过程中的漫长曲折。（★）		
探究实践	积极探索中国航天技术的发展历史，关注我国航天技术的最新发展。（★★★）		
探究实践	能在搜集整理信息基础上，续写"中国航天大事记"。（★★★）		
态度责任	为我国航天科技的迅猛发展感到自豪，坚定继续探索宇宙的信心、决心。（★★）		
	能够领悟探索浩瀚宇宙，发展航天事业，建设航天强国，是我们不懈追求的航天梦。（★★）		
	能感受到科学技术发展对人类社会的深远影响。（★★）		
总评（得星总数）			
总评：17—20 颗星，优秀；13—16 颗星，良好；1—12 颗星，加油。			

评价任务 4-1：设计"未来家园"。

评价目标：设计我们的"未来家园"，意识到地球才是我们人类的唯一家园，应该尽最大的努力去保护它。

评价任务描述：能综合所学，思考适合人类居住的星球需要具备的条件；能有根据地论证可否在其他星球建立人类家园；能发挥想象力设计"未来家园"。

评价量规：

评价维度	得星情况记录	改进建议
结合对宇宙的宏观认识，思考并交流适宜人类生存和居住的星球所需的条件。（★★）		
针对讨论、推理、分析的过程中产生的不同意见，能够依据证据进行辩论。（★★★）		
针对人类生存所需的必备条件展开想象的能力，能运用创造性思维，进行初步的未来家园创意设计。（★★★★）		
利用设计草图清晰表达创意。（★★）		
懂得地球是人类唯一家园的道理，能认识到调整人类不合理的生产和生活方式，可以减少对地球环境的影响。（★★★）		
知道科学已经能解释世界上的许多奥秘，但还有许多领域等待我们去探索。（★★）		
总评（得星总数）		

总评：13—16 颗星，优秀；9—12 颗星，良好；1—8 颗星，加油。

2. 单元总结性评价

评价任务 A：基于对本单元所学内容的认识，画出"探索宇宙"单元思维导图。

评价目标：用思维导图的方式，把每一课的学习内容之间建立联系，形成对地球所处宇宙环境的宏观认识。

评价任务描述：回顾对太阳家族、神秘星空、探索宇宙、未来家园的探究过程，用简短的话语概括每一课所进行的学习活动，以思维导图的形式呈现对"地球所处宇宙环境"的系统性认识。

评价量规：

等级	等级描述
A	能把本单元的活学习活动进行系统整理，在思维导图中进行有序呈现，能用合适的方式区分思维导图中的层级关系，表现出对本单元内容的系统认识，辅以相关内容的图画等。
B	能把本单元内容进行整理，用思维导图的形式呈现，会用颜色区分不同学习内容，对每一课的内容有较清晰的认识，能初步体现对单元内容的整体认识。
C	能基本呈现本单元学习内容，还需要继续补充完善。

五、单元教学策略

第一，以科学学科核心素养"科学观念、探究实践、科学思维、态度责任"四个方面为目标引领，开展真实性探究活动，发展学生科学思维，培养学生探究、实践、创新能力。

第二，引导学生通过模拟实验、模型制作等方式，把天体运动具像化，帮助学生建立空间观念，激发学生对地球和宇宙的探究兴趣和持久理解，并在过程中形成态度与责任。

第三，引导学生从观察身边的现象开始，通过长期观察认识四季、昼夜、节气等自然现象的周期变化，进而了解地球、太阳、月球等天体的运行规律。

第四，借助信息技术手段，引导学生通过观看动画演示或纪录片，加深对天体系统的大小、相对位置、层次等概念的认识。

第五，采用项目式学习方式，以问题为引领，任务为驱动，组织开展探究实践活动。

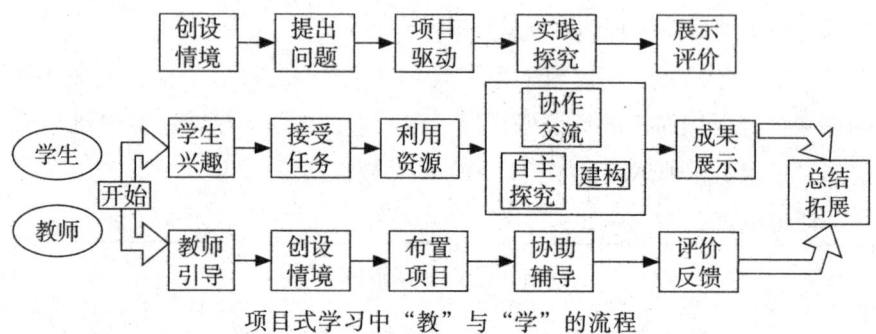

项目式学习中"教"与"学"的流程

第六,注重反思与评价。基于问题情境解决问题,突出核心概念在真实情境中的应用,实现学生对核心概念的深度理解、有效构建和灵活运用。对应目标,做到"教—学—评"相一致,在评价反馈中培养反思、改进能力。

六、规划相关教学过程

单元情境
   1970年4月24日,中国第一颗人造地球卫星"东方红一号"发射成功,拉开了中国人探索宇宙奥秘、和平利用太空、造福人类的序幕。为了纪念中国航天事业成就,发扬中国航天精神,我国自2016年起,将每年4月24日设立为"中国航天日"。今年的"中国航天日"以"航天点亮梦想"为主题,同学们有着怎么样的航天梦?仰望星空,凝望着浩瀚无垠的宇宙,墨蓝深邃的空间里,"我"脑海里冒出一个又一个问号——人类为什么能在地球上生活?我们可以在其他星球建设未来家园吗?太阳离我有多远?宇宙星河是什么样的?卫星是怎样上天的?人类进行了哪些探索?带着疑惑,我们一起奔赴星辰大海,探索宇宙奥秘吧!

（续表）

目标	单元结构	教学过程	评价任务
目标1：通过对太阳系的认识，知道在太阳系中，地球、月球和其他星球有规律地运动着。	我们所在的太阳家族（第一课时）	任务一：制作太阳系模型。 1. 走进虚拟天文馆 2. 谈对太阳系的认识 3. 讨论做"太阳系模型"需要做哪些方面的准备 4. 完成信息资料准备部分 5. 制订小组制作计划，完成模型制作	评价任务1-1：整理搜集的信息，对太阳系形成整体认知；制作太阳系模型。
目标2：由地球到太阳系，再到神秘的银河系、浩瀚的宇宙，从原来认识身边事物、周围事物的基础上，扩展到宏观世界，形成对宇宙空间的宏观认识。	太阳家族所在的宇宙大家庭（第二课时）	任务二：绘制地球、太阳系、银河系、河外星系及宇宙的关系图。 1. 初步了解银河系 2. 走近神秘的银河系 3. 认识河外星系及宇宙 4. 绘制地球、太阳系、银河系、河外星系及宇宙的关系图	评价任务2-1：绘制地球、太阳系、银河系、河外星系及宇宙的关系图。
目标3：从利用望远镜观察到实地勘测，通过了解中国及其他国家探究宇宙的历程，意识到科学研究是漫长曲折的；在对空间技术最新进展的了解中，感受科学技术发展对人类社会的深远影响，并为我国航天科技的迅猛发展感到自豪，同时坚定继续探索宇宙的信心、决心。	探索宇宙大家庭（第三课时）	任务三：续写"中国航天大事记"。 1. 感受宇宙的浩瀚及人类对宇宙的探索永无止境 2. 探究人类对宇宙进行"观察"所用的工具 3. 了解我国及其他国家探究宇宙的大事记 4. 续写"中国航天大事记"	评价任务3-1：续写"中国航天大事记"。

（续表）

目标	单元结构	教学过程	评价任务
目标4：综合运用对宇宙的认识，充分论证能否在地球以外的星球建立新的家园，设计我们的"未来家园"，意识到地球才是我们人类的唯一家园，应尽最大的努力去保护它。	茫茫宇宙中建设未来家园（第四课时）	任务四：设计"未来家园"。 1. 思考什么样的星球适合人类居住 2. 探讨人类能否在地球以外的星球建立家园 3. 设计我们的未来家园 4. 单元总结与评价 5. 课后结合语文第五单元习作叙写我设计的未来家园发生的科幻故事	评价任务4-1：设计"未来家园"。

七、单元课时教学过程

第一课时 太阳家族

单元情境

　　1970年4月24日，中国第一颗人造地球卫星"东方红一号"发射成功，拉开了中国人探索宇宙奥秘、和平利用太空、造福人类的序幕。为了纪念中国航天事业成就，发扬中国航天精神，我国自2016年起，将每年4月24日设立为"中国航天日"。今年的"中国航天日"以"航天点亮梦想"为主题，同学们有着怎么样的航天梦？

　　仰望星空，凝望着浩瀚无垠的宇宙，墨蓝深邃的空间里，"我"脑海里冒出一个又一个问号——人类为什么能在地球上生活？我们可以在其他星球建设未来家园吗？太阳离我有多远？宇宙星河是什么样的？卫星是怎样上天的？人类进行了哪些探索？带着疑惑，我们一起奔赴星辰大海，探索宇宙奥秘吧！

（续表）

课时活动设计					
时间	环节安排	活动过程 学习活动	活动指导与支持	阶段活动意图（目标分解）	活动效果评价	教学亮点
5分钟	一、创设情境，提出问题	1. 创设单元情境，走进虚拟天文馆，在优美的音乐声中欣赏星云、星团等图片。2. 闭上眼睛，跟随老师的介绍想象自己来到了无限大的宇宙中，聚焦到银河系，自己就是银河系旋臂上的太阳系。3. 观看不同观测方式下太阳系在银河系的位置。4. 谈感受，结合昼夜交替、四季更替形成原因，谈对太阳系的认识。5. 讨论：需要基于太阳系更详细的认识，来选择制作的材料，并确定关于太阳系信息整理的方面。	1. 播放相关图片。2. 语言引导学生展开想象。3. 呈现不同观测方式下太阳系在银河系的位置图。4. 提出制作太阳系模型的任务，引导学生认识到需要基于对太阳系的认识来制作模型。	1. 调动学生已有的认识，激发探究太阳系的兴趣。2. 能发挥想象力，初步感受太阳系的渺小和庞大。3. 将观察的视角从身边转移到地球之外、更无限的宇宙空间。4. 能运用已有知识和经验对太阳系的组成做假设性解释。	1. 能在欣赏星云、星团的图片、闭眼感受中展开想象，表现出对宇宙探索的兴趣。2. 能结合看到的、想到的用完整的语言描述对太阳系从不同角度观测的感受。3. 能意识到制作材料的准备需要以对太阳系的认识为基础。	1. 创设真实情境，图片展示辅以语言的引导，让学生展开想象初步感受宇宙的浩瀚及空间大小的相对性。2. 提出具体任务，在任务驱动下激发学生的探究欲望。3. 引导学生认识准备需要有科学依据。

(续表)

时间	活动过程		活动指导与支持	阶段活动意图（目标分解）	活动效果评价	教学亮点
	环节安排	学习活动				
25分钟	二、活动推进，自主探究	1. 小组内整理资料信息，完成"准备清单"的"信息资料准备部分"。 2. 汇报交流，补充认识。 3. 谈谈可以怎样利用表格中的数据。 4. 全班合作完成太阳家族模型制作：指名9位同学上前，用大小不同的球代替太阳家族成员，其他同学排列它们的顺序及距离。	1. 指导学生整理信息的方法。 2. 穿插补充：什么是恒星、行星，播放太阳系视频，出示八大行星与日距离、直径大小比较表格，引导学生认识这是整理信息的一种方法，便于分析比较。 3. 适时补充相关最新科技信息。	1. 能在任务驱动下进行对太阳系的探究。 2. 会整理从书刊及其他途径获得的信息资料；能用自己擅长的方式表述研究过程和结果，并进行交流。 3. 能基于对太阳系的认识，初步合作完成一个太阳系模型的制作。	1. 会合作交流。 2. 能用擅长的方式表述探究结果。 3. 能基于对太阳系的认识，共同合作完成基本的模型制作。	1. 关注对学生整理信息方法的指导。 2. 从生活中取材，将模型制作活动放大、可视，全员参与，初步了解制作模型方法。

（续表）

时间	环节安排	活动过程		活动指导与支持	阶段活动意图（目标分解）	活动效果评价	教学亮点
		学习活动					
10分钟	三、拓展延伸，继续探究	1. 小组讨论确定制作模型的类型及材料、任务分工、制作步骤、注意事项等，完成"准备清单"的剩余部分。2. 依据太阳家族模型制作的评价目标和评价量规，课下继续探究太阳系的相关问题，合作完成太阳系模型的制作，拓展对太阳家族的认知，并进一步思考太阳家族之外的大家庭。		1. 出示太阳系模型其他制作方式：画图、立体模型等。2. 分享太阳家族模型制作的评价目标和评价量规，引导学生课下继续探究太阳系的相关问题，指导各组完善制作方案。	1. 能综合运用所学制定制作太阳系模型的计划。2. 保持与发展想要探索宇宙、乐于探究与发现周围事物奥秘的欲望。	1. 能有根据地合作完成制作计划，并继续修改完善。2. 保持继续探究的热情。	1. 拓宽学生的思路，引导学生基于认识制定制作计划。2. 将探究活动延伸到课下。
板书设计							

板书设计思维导图：

宇宙
├── 银河系
│   └── 太阳系
│   ├── 组成
│   │   ├── 太阳
│   │   ├── 行星（最主要）
│   │   ├── 矮行星
│   │   ├── 小天体
│   │   └── 卫星
│   └── 八大行星
│   ├── 水星
│   ├── 金星
│   ├── 地球
│   ├── 火星
│   ├── 土星
│   ├── 天王星
│   └── 海王星
└── 河外星系

（续表）

学习反馈	1. 经过本节课的学习，相信你对太阳系有了更深刻的理解。思考太阳系成员的组成、距离、大小等因素，用示意图表示出你认识的太阳系吧！ 2. 在2006年国际天文联合会上，冥王星因为不符合新的行星定义，被降级为矮行星。对此，你有什么想法？

第二课时 神秘星空

教学目标	活动过程			活动指导与支持	阶段活动意图（目标分解）	活动效果评价	教学亮点
	时间	环节安排	学习活动				
1.科学知识目标：认识银河系的基本构成、形状特点及大小；形成对光年比较形象的认识；形成对宇宙空间的宏观认识。	5分钟	一、创设情境，初步了解银河系	1.听"牛郎织女"的故事； 2.初步认识银河系； 3.讨论交流：需要对宇宙空间有更深入的探索，在此基础上完成关系图。	1.动画播放"牛郎织女"的故事； 2.展示银河系相关图片； 3.提出太阳系是银河系的一部分，如果要画出宇宙、银河系、河外星系、太阳系、地球的关系图，应如何去做？	激发学生探究兴趣；知道银河系的基本组成；在任务驱动下提出明确探究目的。	对银河系表现出极大的探究兴趣；能在任务驱动下提出继续深入探究的需求。	有趣的故事与引发思考的图片能较好地调动学生的探究兴趣；项目化学习的设计，引导学生基于更深入的认识去完成关系图设计。

（续表）

教学目标	活动过程		活动指导与支持	阶段活动意图（目标分解）	活动效果评价	教学亮点
	时间	环节安排				
			学习活动			
2.科学探究目标：能发现和提出问题；能在已有知识、经验和现有信息的基础上，做出自己的解释或结论。 3.科学态度目标：形成对宇宙的持久兴趣与理性思考；能注重事实、尊重科学。	10分钟	二、走进神秘的银河系	1.交流课前搜集有关银河系的资料；观看相关视频；2.计算并体验光年；3.体验牛郎星、织女星、地球之间的距离。	1.引导学生总结提升认识；播放视频帮助学生对银河系的认识更加形象化。2.提出：计算走7万光年的路程需要多长时间？3.带领学生想象并体验：天体间距离有多遥远。	认识银河系的基本构成、形状特点及大小通过计算、比较、想象等方式对宇宙距离有比较形象的认识。	能在信息交流中总结提升已有认识；能投入地观看视频并引发思考；认真计算，在数据比较中形成对宇宙距离的认识。	视频播放把看不到的宇宙空间展现在学生面前，学生的认识更加真实、形象；在计算中体验光年的距离，进而为下一个环节认识宇宙的浩瀚做好了铺垫。
	10分钟	三、认识河外星系及宇宙	1.欣赏河外星系及宇宙的相关视频；2.认识宇宙的浩瀚，并由此认识到人类探测到的只是宇宙中很小的一部分。	播放视频，引导学生结合对"光年"的认识，体会到宇宙的浩瀚无边。	引导学生了解河外星系，认识到宇宙的浩瀚及探索无止境，对宇宙的探索还将继续。	能借助"光年"及河外星系感知宇宙的浩瀚；对宇宙的浩瀚表示惊叹。	借助视频和"光年"的概念帮助学生形成对浩瀚宇宙的认识。

（续表）

教学目标	活动过程			活动指导与支持	阶段活动意图（目标分解）	活动效果评价	教学亮点
	时间	环节安排	学习活动				
4.科学、技术、社会与环境目标：了解人类的好奇和社会需求是科技发展的动力，技术的发展和应用影响社会发展；能关注最新的科技动态，认识到科学不断发展，人类对宇宙的认识不断进步。	5分钟	四、拓展延伸	1.绘制宇宙、银河系、太阳系、地球之间的关系图；2.交流收获及问题。	1.引导学生注意体现它们之间的包容关系及大小等。2.提出问题：你知道了什么，又产生了什么问题？	能基于认识绘制关系图；能及时总结反思，并有兴趣继续进行探究。	能对宇宙保持继续探究的兴趣与理性思考。	引导学生基于认识完成关系图的设计，使设计更具科学性。

第三课时 探索宇宙

教学目标	活动过程			活动指导与支持	阶段活动意图（目标分解）	活动效果评价	教学亮点
	时间	环节安排	学习活动				
1.科学知识目标：了解人类对宇宙探索的历程；知道一些重要的探测宇宙工具。2.科学探究目标：会查阅、整理科学资料；能用自己擅长的方式表达研究结果。3.科学态度目标：乐于合作与交流；能倾听和尊重不同观点和评议。	10分钟	一、创设情境，感受宇宙探索的历程	1.回顾对宇宙的认识，谈自己的感受。2.观看相关视频资料。3.了解到目前关于宇宙的信息都是人类经过漫长而曲折的过程探索的结果。	1.呈现宇宙空间视频，引导学生回顾对宇宙的认识。2.播放人类探索宇宙历程资料。3.启发学生对探索过程的思考。	认识到目前的宇宙信息是人类对宇宙漫长而曲折的探究过程所获得的成果。	1.对人类探索宇宙的历程充满好奇。2.能意识到探索过程的漫长而曲折。	以时间轴为线索，引发学生思考，认识到科学探索永无止境。
	10分钟	二、活动推进，体会科技对探索宇宙的影响	1.观看视频资料，了解恒星一生中的几个重要阶段。2.进一步探究人类观测宇宙的方法。3.围绕不同类型望远镜及其发展过程进行交流。	1.播放视频。2.引导学生思考：科技发展在探索宇宙过程中发挥的重要作用。3.补充学生的认识。	意识到科学技术的发展使人类探索宇宙的空间不断扩大。	能在信息交流中总结提升已有认识。2.能感受科学技术发展对人类社会的深远影响。	从空间维度思考，启发学生认识科技发展和应用影响着社会发展。

（续表）

教学目标	活动过程			活动指导与支持	阶段活动意图（目标分解）	活动效果评价	教学亮点
	时间	环节安排	学习活动				
4.科学、技术、社会与环境目标：意识到科学研究是漫长而曲折的；感受科学技术发展对人类社会的深远影响；为我国航天科技的迅猛发展感到自豪，同时坚定继续探索宇宙的信心和决心。	15分钟	三、整理提升，续写"中国航天大事记"	1. 交流搜集的我国及其他国家探究宇宙的成果。 2. 以时间顺序分阶段进行整理。 3. 在教材"中国航天大事记"的基础上，根据搜集的资料，续写"中国航天大事记"。 4. 课下继续关注航天技术最新进展，随时补充"航天大事记"。	指导学生按照时间顺序对重要成就及重要任务进行整理。 2. 引发思考，提升认识。	1. 在搜集整理信息中，了解空间技术的最新进展。 2. 为我国航天科技的迅猛发展感到自豪，同时坚定继续探索宇宙的信心和决心。	1. 会根据需求对资料进行整理。 2. 善于思考，使认识在原有基础上有所提升。 3. 能关注空间技术的最新进展。 4. 对我国航天技术发展表现出强烈的自豪感。	1. 在续写"中国航天大事记"的任务驱动下，对搜集的资料进行选择、整理。 2. 在整理、续写中，增强民族自豪感和继续对宇宙进行探索的信心和决心。

第四课时　未来家园

教学目标	活动过程			活动指导与支持	阶段活动意图（目标分解）	活动效果评价	教学亮点
	时间	环节安排	学习活动				
1.科学知识目标：知道人类生存的必要条件，懂得地球是人类唯一的家园；根据自己的认识设想"未来家园"。2.科学探究目标：能在已有知识经验的基础上，做出解释与结论；知道科学探究可为进一步研究提供新经验、新现象、新方法、新技术。	3分钟	一、创设情境，提出问题	1.观看"流浪地球"视频片段。2.引发思考：能否开发适合人类居住的第二星球？3.讨论：要解决这个问题先要思考：什么样的星球适合人类居住？	1.播放视频。2.提出问题：如果有一天，我们的家园真的变成这样，我们该怎么办？3.引导学生从分析居住的地球环境出发探索。	视频片段激发兴趣、引发思考、提出问题。	对视频呈现的画面感到震撼、触目惊心，能思考并积极发言，阐述自己的观点、提出问题并根据已有经验做出假设。	视频片段的选择能触动学生，引发学生的思考并提出问题。
	7分钟	二、活动推进，共同探索	1.说一说适合人类的"未来家园"需要具备的自然条件及必要资源。2.观看相关视频，提升认识。	1.提出问题：人类的"未来家园"需要具备哪些可供生存的环境和资源？2.播放视频。	意识到地球为人类生存提供了必备的生存环境和资源。	能综合之前所学，正确阐述自己的观点，语言表达清晰、完整。	人类"未来家园"的必要条件以动画视频的形式呈现，学生更有兴趣，印象更深刻。

（续表）

教学目标	活动过程			活动指导与支持	阶段活动意图（目标分解）	活动效果评价	教学亮点
	时间	环节安排	学习活动				
3. 科学态度目标：认识到科学是不断发展的，保持和发展想要了解世界、乐于研究与发现周围事物奥秘的愿望；注重事实，尊重他人意见，乐于合作与交流；能运用所学知识设计创新性的科技作品。4. 科学、技术、社会与环境目标：认识到地球资源是有限的，人类活动对环境产生正面和负面影响；能自觉采取行动，保护地球。	10分钟	三、引出问题，分析讨论	1. 回顾对宇宙的认识及人类探索宇宙的成果，讨论人类在地球以外建立家园的可能性。2. 聚焦火星，它有可能成为人类的"未来家园"。观看相关视频。3. 讨论交流：在火星上建立未来家园需要怎么做？观看视频，了解科学家改造火星的设想。4. 介绍我国火星探测的最新进展。	1. 出示三颗类地行星的资料，引导学生选出适合人类居住的一颗行星。2. 播放视频。3. 提出问题：如果在火星上建立未来家园需要怎么做？4. 播放相关视频，补充认识。	1. 综合所学分析在地球以外建立家园的可行性。2. 在分析比较中形成对火星整体、客观认识。3. 了解火星探测的最新科学信息。	1. 能对资料进行分析与比较，得出结论。2. 能准确地阐述自己的观点。3. 能关注科技发展新动态。	1. 视频中科学家的话语更具有说服力。2. 学生对改造火星有自己的见解。3. 联系实事，引导学生关注科技发展新成果。
	10分钟	四、展望未来，设计"未来家园"	1. 发挥想象力，对未来家园进行设计，包括对地球现状的改进及未来更适宜生存环境的畅想，或者其他星球的探索。2. 分享交流，互相补充完善。	1. 提出设计未来家园的任务。2. 引导学生发现他人设计的优点，并提出合理、有依据的改进建议。	1. 能运用所学知识设计具有创新性的作品。2. 能在交流分享中反思改进。	1. 设计时能展开想象。2. 乐于分享，能听取他人意见，并反思、改进。	在设计"未来家园"中，培养学生的创新精神。

（续表）

教学目标	活动过程			活动指导与支持	阶段活动意图（目标分解）	活动效果评价	教学亮点
	时间	环节安排	学习活动				
	5分钟	五、认识地球仍是人类的唯一家园。	1.学生谈感受和认识。2.提出"爱护地球，从我做起"的具体做法。3.课下继续关注火星探测的最新信息。做"地球小卫士"，保护我们的美丽家园。	1.出示地球环境恶化的实例。2.提出问题"爱护地球，我们应该怎么做？"出示今年世界地球日主题。	认识到地球资源是有限的，人类活动对环境产生正面和负面影响，应自觉采取行动，保护地球。	1.能意识到地球对人类的重要性。2.能提出切实可行的保护地球的具体措施。	此环节与世界地球日的主题相结合，具有重要的教育意义。

专题三 核心素养导向的小学科学单元整体教学课堂实践

小学科学四年级上册"刹车的学问"课堂实录

"刹车的学问"是青岛版科学教材四年级上册第六单元"技术与生活"中的一课,本课共三部分内容:知道自行车刹车系统的组成部分;了解自行车刹车系统的工作原理;了解汽车的刹车系统。在探究刹车系统组成部分和工作原理的过程中,建立起自行车刹车结构与功能相适应的联系,培养学生的探究能力及持续探究的兴趣。

本节课的设计在教材内容基础上有所拓展,从驱动性问题入手,引入对自行车刹车系统的研究,使探究变成学生解决问题的一种需求,增加了"为手推车选择合适的刹车系统"的环节,不仅拓宽了学生对刹车系统种类的认识,更促使学生调动已有认知、综合考虑多方面因素,将技术真正应用到改进生产生活工具中,真实体验技术满足人类需求,人类需求是科学技术发展的关键因素。

一、创设情境,提出问题

师出示手推车图片:这是什么车?

生:手推车。

师:一般应用在什么地方?

生：农田或建筑工地……

师出示儿童手推车玩具：其实这种手推车，和同学们小时候或你的弟弟妹妹玩的玩具手推车很相似。

师出示手推车走下坡路的图片：请同学们从你的生活经验出发思考一下，手推车走下坡路可能会遇到什么问题？

生：装载的重物容易掉落下来。

师：怎样解决这个问题？

生：在手推车前边加高一点的挡板。

师：还可能会遇到什么问题？

生：下坡速度快，需要用力往后拉，容易发生危险。

师：这个问题有办法解决吗？

生：安装刹车装置。

师：你是怎样想到的？

生：因为自行车有刹车，可以减速。

【设计意图：创设情境，项目式问题引入，调动学生已有生活经验，在观察中发现问题，并借助已有认知提出解决方案。】

二、搭建平台，合作探究

师出示将自行车和手推车联系在一起的图片：同学们由自行车联想到在手推车安装刹车装置，关于刹车装置你知道哪些呢？

生：用手就可以控制刹车。

生：前轮和后轮都有刹车……

师：每位同学肯定对自行车的刹车装置有一定的认识，现在请把你知道的画出来，只画你认为的刹车系统的必备部分，用最简洁的方式画出来。给大家两分钟时间，现在开始计时。

学生画自己认识的刹车系统。师巡视查看。

【设计意图：用画一画的方式，发现学生以往认识的模糊点，引导学生用画图的方式表达、描述认识的结构，提升学生空间想象能力。】

师：老师看到有的同学画的和其他同学不太一样，谁画的对呢？我们怎样来验证？

生：看一看真实的自行车刹车系统。

师呈现儿童自行车实物：请三名同学上来操作一下，一名同学转动脚蹬让车轮转起来，一名同学操纵刹车系统，另一名同学随时为两名同学提供帮助，并近距离观察刹车系统，其他同学在自己的位置观察。

三名同学上前演示。

师：同学们发现了什么，和大家分享一下。

生：自行车有两套刹车系统。

生：用手就能控制。

生：还有几条线连接……

师：请这位刚才近距离观察的同学说一说他的发现。

生：我发现手用力后，就能使刹车系统下边这一部分与车轮接触，就能起到刹车作用。

师：观察非常仔细，发现了刹车系统的工作过程，你能给大家指一下两套刹车系统分别在哪里吗？

学生指一指。

师：同学们有没有新的发现？

生：前轮刹车系统的最后一部分在车轮的钢圈部位，后轮在轮轴中心。

师：这是为什么呢？我们来观察放大的图片，看有什么发现？

出示将前后轮两个部位放大的图片。

生：看上去它们样子不一样，所以安装到了不同位置。

师：是的，关于这一点，在后面我们会进一步了解。现在我们一起看一下自行车的刹车系统。

出示图片。

师：你认为可以将自行车的刹车系统分为几部分？

生：三部分，手握的部分、线、与车轮接触的部分。

师：这三部分我们可以称为刹车把、刹车线、刹车片，刹车把的功能是什么？

生：控制刹车系统。

师：对，我们可以称刹车把为控制部分。刹车线的功能呢？

生：连接，传递力。

师：我们可以称刹车线为传动部分。刹车片的功能是什么？

生：减速、刹车。

师：可以称为制动部分。请同学们看一下，这三部分组成了完整的刹车系统，发挥制动减速的作用，思考一下结构和功能之间有什么关系？

生：相适合。

生：这样的结构才能发挥这样的功能。

师：对，我们发现结构与功能之间是相适应的。

板书相关内容。

【设计意图：通过自行车实物的演示操作，初步认识刹车系统的结构，结合图片提升学生认识，前后两套刹车系统，安装在前后轮的位置不同，为后续为手推车选择合适的刹车系统做好铺垫，引导学生认识到结构与功能的相适应性。】

师：请大家根据我们对刹车系统的认识，课下继续完善刚才画的刹车系统。下面我们试着来组装一下刹车系统，请大家先看一下能不能认出刹车系统的三部分。

出示图片。

师：请大家在小组内合作组装刹车系统，组装过程中仔细观察，思考这几个问题：刹车片选用的什么材料？为什么选用这样的材料？刹车线用什么材料制成？利用了材料的什么性能？综合以上问题，思考可以得出什么结论？记录的同学做好记录，只记关键词，快速完成记录。三分钟时间，请大家开始。

小组进行组装，讨论材料的选用及原因。

师：哪个小组分享一下你们的发现？

生：刹车片是橡胶做的，橡胶不容易磨损。

生：与钢圈接触不会发出声音。

生：能起到慢慢减速停车的作用。

师：大家的思考都有一定的依据，确实，选用橡胶这种材料是利用了它耐磨性好、耐热性高、与钢圈贴合性好等性能。随着科技的发展，目前还开发了石棉型、半金属型、有机物型、NAO配方等材料，可以用做刹车片，更好地发挥它的作用。

关于刹车线，有什么发现？

生：刹车线内芯是钢丝，外层是塑料。

生：利用了钢丝结实耐用、有较强的韧性的特性，塑料是软的，可以弯曲，起保护作用。

师：对，就是利用了钢丝和塑料的这些特性，刚才我们一直交流材料的性能和用途，你认为它们之间有什么关系？

生：材料的性能决定了把它用在哪里。

师：是的，材料的性能决定了它的用途，根据材料的性能组成了一定的结构。

板书相关内容。

【设计意图：对教材活动进行补充，增加组装的活动，让学生在组装过程中仔细观察，引导学生依据观察到的证据，讨论交流自己的想法，运用分析、比较、推理、概括等方法，分析结果，在组内达成一致，得出结论。】

师：下面我们来试一试，体验刹车系统是如何工作的，仔细观察刹车系统的工作过程，思考其工作原理是什么？请各组拿出车轮，模拟刹车系统工作，仔细观察，做好记录。给你们三分钟时间，现在开始计时。

小组内进行体验、观察，师巡视指导。

师：我们一起来交流一下各组的发现。

生：手握刹车把用力，通过刹车线将力传到刹车片，刹车片与钢圈接触，产生摩擦，使车轮减速停下来。

生：我们组觉得它的工作原理主要是利用产生的摩擦力制动减速。

师：大家同意以上看法吗？

生：同意。

【设计意图：引导学生在好奇心的驱使下，表现出对刹车发生的条件、过程、原因等方面的探究兴趣。积极探究，在亲身体验中，明确工作过程，能用语言完整表达刹车系统工作过程，能用摩擦力解释原理。并逐步将几个关键词建立联系。】

师：大家非常棒，通过合作探究对自行车的刹车系统有了更进一步的认识。现在我们是不是就可以把我们组装的刹车系统安装到手推车上了呢？

生：我还有个问题，自行车前后轮的刹车系统是不一样的，给手推车安装哪一种呢？

师：这个问题非常好，看来我们还需要对刹车系统的种类进行了解，以便为手推车安装合适的刹车系统。

出示不同种类的刹车系统。

师：请大家快速了解不同刹车系统的特点，在小组内讨论，为手推车选用合适的刹车系统，并说明理由。

小组讨论。

师：哪个小组先说一下你们的看法？

生：我们认为钳刹不合适，因为它一般用于公路车，适合比较平坦的道路。

生：我们认为V刹和碟刹都可以，它们一般用在山地车，手推车也是这样的工作环境。

生：我们认为还需要考虑价格和保养问题，V刹一般用在千元左右的山地车上，碟刹保养难度较大，所以这两种都不太适合，另外手推车要装载重物，要考虑制动力方面，鼓刹的制动力大，应该是最适合的。

师：综合几位同学的发言，大家认为选择哪种刹车更适合。

生：鼓刹。

师：大家从画一画、组装、试一试，到从不同种类刹车的特点、手推车的工作环境等方面考虑，全面思考影响因素，为手推车选择合适的刹车系统，解决了手推车的问题。我们总结一下探究的过程，请大家看黑板上的几个关键词，能不能把它们联系在一起。

生：以科学原理和技术为基础，根据材料的性能将其组成一定的结构，发挥功能，解决实际生活中的问题，满足我们的需求。

师：你总结的非常棒！在探究的过程中，我们一起经历了一次发明创造的过程，这种发明方法叫"移植发明法"，把自行车的刹车系统移植到手推车，你看发明创造是不是没有那么难，只要你善于发现、积极思考、动手实践，你可能也会成为一名小发明家。其实我们的设想已经变成了现实，一起来看一下。

【设计意图：引导学生综合各方面影响因素思考问题，并说明依据或理由，进行思维能力训练。初步将材料、结构、功能、科学技术、人类需求之间的关系相联系，学会用结构关系图将认识系统化。渗透创造发明方法，激发探究兴趣。】

三、联系生活，拓展应用

出示带刹车的手推车图片及工作过程的视频。

师：人们还根据需求，制作了电动手推车。

出示电动手推车图片。

师：随着需求的增加，人们还把刹车技术应用到了汽车中。

出示汽车刹车系统图片。

师：你能不能找到刹车系统的三部分？

生：脚踩的部分是控制部分，刹车片是制动部分，其他为传动部分。

师：你能不能根据自行车刹车系统的工作过程推测一下汽车刹车系统是如何工作的？

生：脚踩下控制部分，活塞将刹车油推到四个轮胎部位的刹车片，使刹车片和刹车盘接触产生摩擦力，实现制动减速。

师：我们一起通过动画演示来了解一下。

出示汽车刹车系统工作过程演示动画。

师：和刚才这位同学推测的差不多，其中还利用了液压几乎能百分之百传递力这一点。虽然看起来复杂一些,但汽车和自行车刹车系统的工作原理都是一样的。

师:人们根据自己的需求已经将刹车技术应用到了所有的交通工具及一些机械设备中,在这个过程中刹车技术不断得到改进和完善,从这个角度看,科学技术的发展与人类需求之间有怎样的关系呢?

生:人类需求推动了科学技术的发展,科学技术的发展满足了人类的需求。

师:是的,科学技术的发展最终推动的是我们人类社会的进步与发展。板书相关内容。

师:希望同学们课下继续探究,用善于发现的眼睛去观察、去思考、去发明创造,让科学技术更好的服务于我们的生产生活,以此推动人类社会的进步与发展。

【设计意图:带刹车手推车的呈现,设想变为现实,让学生体验成功的乐趣。引导学生在复杂的结构中找到刹车系统的三部分,并推想汽车刹车系统的工作过程及原理,将认识进一步巩固提升。在联系生活实际中发现人类需求与科技发展及社会进步之间的关系。】

小学科学五年级下册"滑轮"课堂实录

一、课标要求分析

"滑轮"一课是青岛版科学教材五年级下册中第五单元"生活中的机械"中的第3课,本节课在整个课程体系中属于四大领域中的"技术与工程领域"部分。

17.技术的核心是发明,是人们对自然的利用和改造。

17.3 工具是一种物化的技术。

3—4 知道使用工具可以更加精确、便利和快捷。

5—6 知道完成某些任务需要特定的工具。知道杠杆、滑轮、轮轴、斜面等是常见的简单机械。使用杠杆、滑轮、轮轴、斜面等简单机械解决生活中的实际问题。

二、教材分析

"滑轮"是青岛版科学教材五年级下册简单机械单元中的内容。在前几册的学习中,学生零散的认识了各种"常见的力",在此基础上,本单元集中探究有关简单机械方面的科学知识,使学生对物质世界中的"运动和力"有一个完整的认识,体验并意识到物质运动与力之间的相互关系。本单元选取的内容充分体现了生活与技术的关系,向学生提供了充分的科学探究机会。通过本单元的学习,学生不仅能够获取机械方面的科学知识,了解科学发展的历史,而且可以体验到学习科学的乐趣,提高科学探究能力。在情感态度价值观方面,可以保持与发展学生想要了解世界、喜欢尝试新的经验、乐于探究与发现周围事物奥秘的欲望,让学生意识到科学技术对人类社会的发展的巨大的促进作用,从而引发学生利用科学提高生活质量的意识。

本单元课与课之间以"生活中的机械"为主线连为一体。从简单机械与生活入手,让学生根据生活中的经验自行探究其中的规律,认识到利用简单机械可以提高工作效率,了解这些原理在生活中的广泛应用,进而尝试用所学到的科学原理解决生活中的一些问题,最终体现科学与技术、社会的关系以及来源于生活又服务于生活的课程设计理念。本课作为本单元的第三课内容,承接了第二课"杠杆"中的"杠杆原理"知识,用以解释"为什么定滑轮不省力、动滑轮省力"的科学探究结论:定滑轮实质是一个等臂杠杆,所以不省力,而动滑轮是一个动力臂是阻力臂两倍的省力杠杆，从这个意义来看，本课可以作为"杠杆"一课的拓展延伸。但"滑轮"又具有自己的特点，广泛地应用于各种起重设备中，吊车就是利用滑轮来提起重物的。我国古代很早就有使用滑轮的记载。本课通过研究滑轮的作用，指导学生认识、探究有关滑轮的科学规律，从而激发学生进行科学探究的兴趣。

作为具有自身特点的一种简单机械，"滑轮"一课安排了一个大的探究活动，有两个内容：认识滑轮、组装滑轮、研究滑轮作用，目的在于让学生经历科学探究的一般过程，从中发现问题，提出问题，并通过实验解决问题，建构起对滑轮这一简单机械的认识，从而激发学生进行科学探究的兴趣。

本课在呈现课程内容的形式上采用图文结合的形式，分为四部分，各有明确的指向性。首先是给出了少先队员进行升旗仪式的照片，并配有旗杆顶部应用滑轮的放大特写图，又给出了本课探究活动的指向："国旗是利用什么装置升到旗杆顶部的呢？让我们准备材料来研究吧。"紧接着用图示的方式提示了典型的材料：滑轮、细绳、钩码、测力计……，提示师生要注意准备有关的探究材料。然后通过图片展示了两种使用滑轮的方法，并配以文字介绍：定滑轮和动滑轮。第三部分是组装滑轮、研究滑轮的作用，通过图片提示研究的方法，并配以文字引导学生在研究中去发现。最后是滑轮的应用，出示了滑轮在塔吊中的应用，以引导学生去发现生活中其他地方对滑轮的应用。

本课的教学重点难点：在探究中发现滑轮的作用是教学重点，又是难点，操作中的灵活性与准确性也是学生探究中的一个难点。

这是一节典型的实验探究课。

课时安排：1课时。

三、学情分析

（一）学生探究滑轮的经验基础

在生活中，机械无处不在，学生在生活中积累了大量的感性经验，只是对此熟视无睹，缺乏理性思考，如五年级中有学生担任过升旗手，但国旗杆的顶端的滑轮装置并没有多少学生注意观察过，家庭生活中的窗帘、晾衣架等都是应用滑轮的例子，但学生缺乏观察与思考，而滑轮应用比较多的起重设备又离学生比较远，所以学生对滑轮最直接的认识还停留在"这是一个轮子"的层面上，而且容易把滑轮与齿轮混淆，这是学生探究滑轮的经验基础。

（二）学生知识积累及探究能力分析

在本单元前两课的探究中学生既积累了简单机械斜面和杠杆的相关知识，知道了利用斜面和杠杆可以提高工作效率，又积累了动手操作的能力。在"斜面"一课中，学生在探究过程中，利用简单材料进行了斜面省力的观察实验，并用测力计等简单测量工具对在不同斜面上拉动小车等物体所用力的大小进行定量观察，采集数据，并做定量实验记录，能用简单表格整理有关数据、解读数据，对现象做出合理的解释，能用自己擅长的方式表述研究过程和结果，能对研究过程和结果进行评议等。在"杠杆"一课中，学生善于对周围事物提出问题，并能通过动手操作寻找证据进行解释，能设计控制变量的探究实验，会进行简单的实验记录，并运用其采集、整理、分析和解读数据。以上这些都为"滑轮"一课探究活动顺利进行做好了充分的准备与铺垫。

（三）学生科学情感态度方面的发展

在科学情感的发展上学生尝试到了探究的乐趣，敢于大胆想象、推测，愿意合作交流，意识到合作交流的重要性，认识到科学是不断发展的，关心日常生活中的科技新产品、新事物，乐于用学到的科学知识改善生活。在科学态度方面，知道了数据在探究中的重要性，认识到科学探究要尊重证据，这是学生科学素养的基础。

（四）学生课前学习准备

在测量工具的使用上，四年级下册已经初步对测力计的正确使用方法有所掌握，在本单元的"斜面"一课中也已经再次巩固了正确使用测力计的方法；另外就是需要做生活经验方面的积累，可以要求学生在父母陪伴下到校外进行考察，注意观察：建筑工地上的提升架是怎样把重物运到高楼上去的？汽车修理工是怎样用支架把汽车的大梁、引擎等笨重东西轻松吊上吊下的？这些设备中运用了怎样的机械？只有孩子们课前做了认真细致的观察，才能激发起强烈的探索欲望。这项活动的进行，一定提醒学生在家长陪同下，注意安全。

四、教学目标

本课的教学目标从如下四个维度确立为：

科学知识：知道滑轮的特点，了解定滑轮、动滑轮的作用；初步认识滑轮组。

科学探究：利用材料组装滑轮，并进行实验；会利用简单的实验记录表客观真实的进行记录，并运用其采集、整理、分析和解读数据，建构科学的结论。

科学态度：表现出对事物的结构、功能、变化及相互关系进行探究的兴趣，意识到科学结论的得出要以事实为根据，体验合作交流的乐趣。

科学、技术、社会与环境：体会到科学技术与社会、生活密切联系，工具可以给生活带来便捷，让生活环境不断得到改善。

五、评价设计

1. 本节课，我们认识了一种简单机械，它是（　　　）。
2. 不随重物上下移动的滑轮叫作(　　　)，它可以改变(　　　)的方向；

随重物上下移动的滑轮叫做（　　），它能（　　）。如果站在楼顶，我们可以借助（　　）滑轮把重物运到楼顶，如果站在楼下，可以借助（　　）滑轮把重物运上楼顶。

3. 如图是（　　）装置，能起到既（　　）又能（　　）的作用。

4. 你用什么方法证明了动滑轮省力？用你喜欢的方式描述。

5. 生活中还有哪些地方利用了滑轮，起到了什么作用？

六、教学准备

学生小组材料：测力计、钩码、铁架台、滑轮、细绳。

教师：演示材料一组、相关课件。

七、教学过程

（一）创设情境，提出问题

1. 播放升旗和晾衣架视频

学生观看并谈发现：都有一个轮子样的装置。

提出问题：这是什么装置？使用这样的装置有什么好处呢？这种装置的组成？……

师：我们带着这些问题开始今天的探究之旅。

【设计意图：从熟悉的生活现象入手，引导孩子学会发现问题，并引发思考。】

2. 出示材料（支架、滑轮、绳、细绳、钩码、测力计等）。

学生了解材料并介绍测力计的使用方法，用正确测量方法测桌上的钩码。

【设计意图：了解学生使用测力计的情况。点拨测力计的正确使用

方法。】

学生指出不认识的材料——滑轮，观察这个不认识的材料，它是什么样子的？有什么特点？

师点拨：这是一个简单机械——滑轮。

【设计意图：利用学生对不认识的事物总是有强烈好奇心的特点，引导学生认识滑轮，了解滑轮的结构特点。】

【评价点：学生课堂的状态以及问题提出的价值性，能从"这是什么""为什么这样"等角度提出问题，以此了解学生对研究的主题感兴趣程度。】

（二）活动推进，自主探究

1. 初步认识滑轮

（1）引导：刚才大家测钩码重力时，将钩码提了起来。也就是说，提起一个钩码可以这样直接提起（在黑板上随机板书画图），你能借助滑轮这一简单机械提起桌上的钩码吗？你能想出几种方法？

小组合作探究。

【设计意图：在满足了学生"认识"的欲望之后，提出"能不能用上滑轮把这个钩码提起来？你能想出几种办法？"两个问题来满足学生"使用"的欲望。定滑轮组装相对简单，但动滑轮组装则要困难一些，用"你能想出几种办法"来诱导学生换一种思维来思考，更便于学生主动思考定滑轮以外的方法。】

（2）全班交流。上前展示两种不同的方法，随即板书画图。

引导：观察这两种方法，滑轮的使用有什么不同？

学生观察并回答。（要点：一个固定在支架上不能移动，另一个与钩码一起移动。）

引导：为了方便研究，大家给这两种不同用法的滑轮起个名字。在学生命名的基础上引导出定滑轮、动滑轮。

出示生活中滑轮应用的图片，学生观察并指出使用的哪种滑轮。

【设计意图：学生自己组装后，进一步观察，了解使用方法，对滑轮的认识更进一步。】

2. 深入探究滑轮

（1）提起一个重物，你认为使用定滑轮好还是使用动滑轮好？

学生谈自己的看法：定滑轮好，站在地上就能把物品拉上去；

动滑轮好，我觉得动滑轮可能省力；

我觉得动滑轮可能费力，还要一块提起滑轮……

【设计意图：学生辩论的同时，将两种滑轮的不同特点辨别清楚，同时就动滑轮、定滑轮费力还是省力产生分歧。】

（2）引导：大家提出了值得研究的问题，动滑轮费力？是呀，提起一个钩码用0.5 N的力，再加上一个滑轮，更重了。动滑轮省力？也有道理，因为有两根绳子吊着，我们只用一半的力即可。定滑轮到底是省力还是费力呢？谁说的对呢？想个办法来证明自己的观点。

【设计意图：让学生自己提出用测力计测一测的方法，并且分别与直接提起测得的数据进行比较。】

点拨："那让我们测测看看，事实胜于雄辩。"

指定一名学生直接提起钩码，测一测用的力，再用动滑轮提起钩码，测一测用的力，汇报数据，并进行比较，发现问题：为什么一个钩码加上一个滑轮会比提起一个钩码用力还小了呢？

师：一次实验，具有偶然性，我们在小组内都试一试，同时也使用定滑轮提起钩码，测一测，实验中请大家注意这几个问题。（出示实验提示）请大家开始。

小组实验操作，收集更多数据。

【设计意图：让学生测的目的是引发学生的认知冲突，为什么一个钩码加上一个滑轮会比提起一个钩码用力还小了呢？再加引导，使学生

明确为避免结论的偶然性需要收集更多的数据。】

【评价点：观察学生的思维发展变化，能否逐层深入地思考问题。学生观察事物能否把握要点。小组分工合作，任务明确，活动有序，会利用简单的实验记录表进行采集、整理数据。】

（三）点拨互动，建构结论

1. 分析数据，得出结论。

小组派代表汇报得出的实验数据。

师：仔细观察分析实验数据，你发现什么了？我们可以得出什么结论？

生：定滑轮不省力也不费力，动滑轮省力。

师：看到我们得出的结论你想说点什么或又产生了什么新问题？

学生可能想到：猜测有时是不准确的；定滑轮、动滑轮各有利弊；为什么动滑轮反而省力呢？……

师提出课下大家可以试着用杠杆原理解释一下：为什么动滑轮省力、定滑轮不省力。

【设计意图：在探究中引发学生新的思考，意识到科学利于改善生活，提供方便。】

2. 动滑轮和定滑轮各有优缺点，看来我们真的无法回答用它们提起重物，谁更好的问题了。如果我既想省力又能方便怎么办？

学生思考：可以把定滑轮和动滑轮组合。

师：把它们组合在一起的装置，称为滑轮组。请大家观看视频，了解滑轮组。

学生观看滑轮组应用视频。

师：课下请小组合作组装滑轮组，并研究其作用。

【评价点：分析和解读数据，科学结论的建构以事实为根据，并能进一步思考改进机械，更好地服务于生活。体验合作交流的乐趣。】

（四）联系生活，拓展应用

1. 师：回到我们课初的问题：在旗杆上、晾衣架上使用滑轮有什么好处呢？

学生结合所学，谈认识：虽然不省力，但是能站在地上，把国旗、衣服提升到高处；有的窗帘也用滑轮，还有起重机等。

师课件补充。

2. 请同学们利用本节课认识的滑轮，课下设计一个小小起重机。

【设计意图：巩固认识，解决课初的问题，科学回归生活、服务于生活。】

结束语：通过这节课我们认识了滑轮这种简单机械。生活中还有很多其他的机械，希望同学们继续观察研究生活中的各种机械，来改进机械工具，使机械工具更好的发挥它们的作用，更好地服务于我们的生活，提高我们的生活质量。

【评价点：有兴趣继续研究相关问题，并能运用所学解决问题。】

小学科学六年级上册"登上月球"课堂实录

"登上月球"是青岛版科学六年级上册第四单元的一课。本课以认识月球表面的概况为依托，以信息资料的搜集、交流和共享为主要认知手段，以培养学生的想象能力和逻辑推理能力为重点，努力提高学生提炼信息、加工信息、生成信息的能力。教材以第一人称的形式，展现了学生了解月球、探究月球、"登上月球"的科学探索过程，既呵护和保持了学生的探究欲望，激发了他们学习科学的兴趣，又提高了学生的应用知识探索未知的能力。

一、创设情境，提出问题

师：我们一起在优美的音乐声中欣赏月亮。从古至今，人们对神秘的月亮就充满无限遐想，欣赏完美丽的月亮，你想到了什么？

生：嫦娥奔月、玉兔捣药、吴刚伐桂……

师：同学们想到了这么多神话传说，带着和你一样的好奇，意大利科学家伽利略用望远镜观察到月球，开创了人类科学探月的先河，我们通过视频了解一下人类探月的历程。

师：人类对月球的认识经历了一个漫长的过程，你能用自己的话简洁的概括出人类探月的几个阶段吗？（需要引导学生把握关键点，几名学生互相补充完善）

生：用望远镜观察。

生：看到月亮想象月亮上有什么，出现了一些神话传说。

生：还有登上月球实地勘察。

师：大家说到了人类探月的某一个阶段，能不能结合我们课上探究的过程来概括人类探月的过程呢？

生：我觉得有这样几个阶段，用眼睛看——想象神话传说——科学探月。

师：大家总结得非常棒，我们再进一步归纳成科学研究的过程是：观察发现——想象猜测——科学探索，这个过程和我们科学课上经历的探究过程特别相似，是一个不断接近真理、完善认识的过程，正是人类科学探月之后，随着科学、技术的发展，我们才对月球有了更多的认识。

师：假如我们要登上月球进行一次探月之旅，你认为需要做什么准备呢？

生：需要准备相关物品，衣食住行类的。

生：我认为需要准备火箭。

师：为什么想到了火箭？

生：因为月球离地球比较远，乘坐飞机可能抵达不了。

师：这位同学根据月球和地球的距离进行考虑，来准备相应的登月物品，这样有依据的准备更科学，我们还需要对月球有哪些了解呢？

生：气温、有没有水和食物。

生：地面情况、有没有空气等环境问题……

师：接下来让我们带着这些问题去人类科学探月的成果中找寻答案，开始我们的探月之旅。

【设计意图：在欣赏月亮的情境中调动学生已有的生活经验和认知，激发学生探月的兴趣。在视频了解中，引导学生归纳总结人类探月的过程，并引申到课堂中的科学探究，使学生对科学探究本身有清晰的认识，初步建立"科学—技术—社会"三者关系的认识，知道人类的发现和探索推动科学的进步，科学又推动技术的提升，科学和技术共同推动人类社会的发展。以"登上月球"作为任务驱动，鼓励学生大胆想象，从不同角度思考探月准备，由此提炼出需要了解月球的相关问题。】

二、活动推进，自主探究

师：开始之前请看几点小提示（整理分析资料，从距离、大小、环境、月貌等方面提取有意义的信息进行概括，可以在资料上勾画；在记录表上用自己喜欢的方式做简单记录；用简洁明了的语言在小组内分享交流）。现在开始我们的探月之旅吧！

学生在小组内整理、分析搜集的相关资料，交流对月球的认识，并提炼、概括需要的信息。

生：通过交流我们组知道了月球距离地球大约38.4万千米。

师：你们组了解了地球和月球的距离，其他组分享你们的成果时可以先介绍你们了解的关于月球的哪方面，然后再具体介绍。我们只有从不同角度来全面认识月球，才能做更充分的准备。

生：我们探究了月球的环境，月球上没有空气、没有水。

师：关于环境方面还有补充的吗？

生：月球上温差比较大。

生：月球上没有风雨雷电等天气现象，没有生命。

师：为什么没有风雨雷电等天气现象，没有生命？

生：因为月球上没有空气，生命无法生存，也因为没有空气就没有大气层，所以就不会有风雨雷电等天气现象。

师：你真棒，能把我们学过的知识联系在一起来推测月球环境形成的原因。

生：我们组还了解了月貌方面的信息，月球上有环形山、月溪、平原、高山等。

师：对，只有对月貌有更清楚的认识，才能更充分做好登上月球后的相关准备。关于环形山的形成原因，有同学了解吗？

生：目前主要有两种推测：陨石撞击、火山喷发，都还需要进一步去研究。

师：是的，随着科学技术的发展，科学家对环形山形成原因的认识会越来越准确。关于月球，其他组还有补充吗？

生：月球自己不会发光，反射太阳的光，是地球的卫星。

师：关于月球的引力，有没有了解到？

生：月球引力仅相当于地球引力的六分之一。

师：同学们能在丰富的资料中抓住为登月做准备的关键信息进行概括，并且能把各种因素联系在一起推理月球环境形成的原因。下面我们通过图片来梳理、补充我们的认识。（出示PPT，边观看图片边介绍）

师：关于月球与地球的距离，具体有多远呢，一起看一下，如果乘飞机去月球需要13.5天，乘火车需要80天，步行需要11年，大家是不是对地球到月球的距离有了更形象的认识呢？

月球的体积较小，49个月球才有一个地球这么大。

月球上没有空气、没有液态水，没有生物，没有风雨雷电等天气现象。

月球很多稀有金属的含量比地球多。

月球面向太阳的一面温度达到120℃以上，背对太阳的一面在-180℃以下，温差非常大。

月球表面还有大大小小的环形山，年轻的环形山周围有辐射纹。

月球上的环形山大多以天文学家或其他学者的名字命名，这是月球背面五座以中国人命名的环形山的位置，还有月球正面的高平子环形山。

月球上明亮的部分是高山，阴暗的部分是平原。

月球的引力比地球小得多，只有地球的六分之一。

月球上的白天和夜晚都很长，一天相当于地球上阴历的一个月。

师：有了对月球的认识，就可以准备登月需要的物品了，请大家在小组内完成这份"登月准备清单"，并写出你的准备依据。

生：我们准备乘坐火箭去月球，因为月球距离地球有38.4万千米。

生：需要准备水、食物、氧气，依据是月球上没有液态水、没有空气、没有生物。

生：还需要准备特制的宇航服、睡袋等，依据是月球温差大、引力小。

师：还有要补充的吗？

生：我们觉得需要准备制氧的设备，能长时间供给呼吸。

师：同学们依据对月球的认识做了详细的准备清单，一起看一下老师准备的，我们可以互相补充完善一下，我还在准备清单上列出了研究月球的工具和设备，以便于开展对月球的实地勘察研究。

【设计意图：引导学生抓住关键信息、提炼并记录有用信息，形成完整的对月球概貌的认识，并启发学生从不同角度思考准备项目。在这个环节中，要观察学生在小组内的合作交流情况。鼓励学生能大胆想象，运用逻辑推理的方法将月貌系统中各因素相互联系。在完成"准备清单"的过程中，能综合运用知识，有依据地、从不同角度提出探

月的各项准备。】

三、延伸拓展，丰富认知

师：看来大家对月球之旅有非常浓厚的兴趣，我国也有自己的探月计划——嫦娥工程，一起通过视频了解一下，观看过程中请大家关注一下我国嫦娥工程的三个实施步骤。（观看视频）

生：三个实施步骤为绕、落、回。

师：第一步为"绕"，由嫦娥一号和嫦娥二号完成；第二步为"落"，嫦娥三号首次实现月球软着陆和月球巡视勘察，嫦娥四号首次实现月球背面软着陆；第三步"回"已由嫦娥五号顺利完成，成功从月球取回月壤，进行下一步的研究。一起通过视频了解嫦娥五号的精彩瞬间。（播放视频）

师：看完这段视频，你有什么感受或感想呢？

生：为我国航天技术的发展感到骄傲……

师：我们都为祖国科技的迅猛发展感到震撼和骄傲。除此之外我国在航天技术方面还有几项重大突破，一起来看一下。（PPT 出示）

师：2020年7月23日我国首个火星探测器——"天问一号"发射成功，已于2021年2月10日抵达火星；"中国北斗"覆盖全球，55颗卫星闪耀太空；中国天眼射电望远镜截至2021年3月8日，已发现并认证的脉冲星达到300多颗。

师：我国在航天方面取得的成就都为探究月球提供了充分的技术支持和保障，对月球的探索必将实现我国的能源梦想和科技实力的有力证明。嫦娥工程虽然已经顺利完成，但我们对月球及太空的探索仍在进行，希望同学们课下继续探究关于月球的问题（搜集宇航员在太空生活的有关资料；搜集资料，论证人类在月球居住的可行性；选择合适的方式探究课上没有解决的问题），为探月继续做准备，希望你长大后能成为一名宇航员，去近距离的研究月球。

【设计意图：借助视频、动画演示拉进探月与学生的距离，把航天时事带到课堂，引导学生关注科学技术的最新发展，激发学生的探究欲望。引导学生关注我国及世界空间技术的最新发展，了解人类的好奇和社会的需求是科学技术发展的动力，技术的发展和应用影响着社会发展。学生在感受我国航天科技发展中，表现出强烈的自豪感和探究欲望，对我国探月计划的顺利推进充满信心，对继续探究月球及宇宙中的其他天体有浓厚的兴趣。】

四、评价反思，完善改进

师：通过这节课的学习，你有哪些收获和思考呢？我们设计一份月球探究方案来检验自己吧，请大家在课上所完成"登月准备清单"基础上，关注我国最新的航空发展信息，课下完成设计一份科学的月球探究方案，补充对探究月球"观察什么、研究什么、如何研究、留下什么、带走什么"等方面的内容。老师期待你科学、完整、可行性强的月球探究方案。

为了便于大家课下的方案设计，我们来交流一下你打算怎样去做。

生：我想继续了解一些最新的月球信息，把课上做的"登月准备清单"再补充完善。

生：还需要了解一些宇航员在太空生活的资料，为登月做准备。

师：大家都想在材料物品准备方面做充分的准备，那关于月球你想观察什么、研究什么？

生：除了本节课知道的关于月球的距离、大小、环境、月貌的相关知识，我还想继续研究环形山的形成原因。

生：还可以研究月壤的成分，看能否为我们提供所需的能源。

师：看来大家都对自己的方案有了初步的规划，请大家课下继续完善，下节课我们一起交流。

【设计意图：通过对月球探究方案的设计，能综合评价学生在本节课中各方面目标的达成效果。激励学生保持继续探究的热情，把探究延伸到课下，能把对月球的认识及当前国家探月计划实施的进程相结合，进行有根据的科学设计。】

本课的设计，从核心素养到课程标准，从"学教评一体"教学设计到教学活动环节的呈现，经历了从教学目标的确立到实施，再到目标达成的反思评价的过程。在课程标准指导下"学教评一体"闭环设计的探索中，实现了把课程目标细化为课时目标，以学生学习活动为主体，教师活动作为对学生学习活动的支持与指导来呈现。教学过程以"登上月球"为问题驱动，关注每个活动环节的效果达成，阶段目标的达成共同指向总体学习目标，过程性评价与学生学习活动交融在一起，终结性评价为总体学习目标的达成提供依据，真正使"学教评一体"教学设计形成闭环，为学生科学素养的发展提供指导与支持。

小学科学六年级下册"太阳家族"课堂实录

"太阳家族"是青岛版教材六年级下册第五单元"探索宇宙"中的一课，教材内容有三部分：说说我们认识的太阳家族，研究太阳家族，制作太阳家族模型，拓展活动为查找有关资料，了解彗星的彗尾是怎样形成的。本课的设计调整教材原有的内容安排，将制作太阳家族模型前置，作为一个驱动性任务呈现给学生，激发学生深入思考，要完成这个任务，需要做哪些准备，需要对太阳家族有怎样的认识，才能制作模型，思考之下小组讨论确定"太阳家族"模型制作准备清单，开始探究太阳家族，整理分析搜集的信息，获取有用信息，为制作模型做好信息方面的准备，通过全班交流补充完善后，利用生活中大小不等的球，全班共同完成一次"放大版"的太阳系模型制作，加深对相关信息的认识，开放性的制作方法打开学生的思维，模型的类型既可以是平面的，也可以是立体的，在这样的基础之上，小组再确定模型类型、所需材料、制作设想、成员分工，进一步合作完成制作。

项目式学习的设计，让学生经历了一次有意义的探索，开放式的问题提出，让学生的思维走向深入。

一、创设情境，提出问题

1. 课件出示星云、星团等图片，学生在优美的音乐中欣赏。

教师引导：无数的行星、恒星、星云、星团和银河系、河外星系等组成了浩瀚的宇宙。满天的星星总能带给人无限遐想，请大家闭上眼睛，我们来到了无限大的宇宙中，让我们把镜头聚焦到银河系，它是由1 500—4 000亿颗类似太阳的恒星和大量的星云、星团及星际物质组成，大家想象着自己就是银河系旋臂上的太阳系，请大家睁开眼睛，（出示课件）这就是不同观测方式下太阳系在银河系的位置，了解到这里，你想说什么？

生：宇宙浩瀚，我们人类探索到的部分太渺小了，我们的地球也太渺小了。

生：银河系是宇宙的一部分，太阳系是银河系的一部分。

生：太阳系在银河系就像一个点。

生：太阳系像一个大的圆盘，中间厚，边缘薄。

生：……

【设计意图：图片展示附以语言的引导，将观察的视角从身边转移到地球之外、更无限的宇宙空间。让学生发挥想象力，初步感受太阳系的渺小和庞大，展开想象初步感受宇宙的浩瀚及空间大小的相对性。引导学生结合看到的、想到的用完整的语言描述对太阳系从不同角度观测的感受。】

2. 教师：虽然太阳系在银河系、在宇宙只是很小很小的一部分，但对于我们来说它也是非常大的，太阳家族里也有它的家庭成员。

学生继续介绍认识的太阳系。

生：地球是太阳系的一部分。

生：太阳系由九大行星变为八大行星，冥王星因为不符合新的行星定义，被降为矮行星。

生：太阳系中除了有八大行星还有卫星，其他小天体等。

生：……

【设计意图：调动学生已有的认识，了解探究基础。】

3. 教师提出：如果我们要做一个太阳系的模型，有这些了解够不够，还需要做哪些准备？

生：需要对八大行星有更清楚的认识，比如大小、距离等。

生：还要知道它们的排列顺序。

生：需要有制作用的材料。

生：……

【设计意图：提出具体任务，在任务驱动下激发学生的探究欲望。】

教师总结：除了材料方面的准备，还要有更详细的资料信息准备：成员、成员大小、与日距离……

二、活动推进，自主探究

1. 小组内整理资料信息。

师：请大家在小组内结合课前搜集的资料，整理分析所需要的信息，用喜欢的方式做好记录，完成"准备清单"的"信息资料准备部分"。

小组进行信息整理，获取有用信息。

【设计意图：指导学生整理信息的方法，包括获取有用信息、用合适的方法快速记录等。】

2. 汇报交流，补充认识。

小组汇报交流。

生：八大行星离太阳由近及远的排列顺序为水星、金星、地球、木星、火星、土星、天王星、海王星。

生：水星，离太阳最近，常与太阳同时出没，有非常稀薄的大气，昼夜温差大；金星，又称启明星，天空中最亮，离地球最近的行星，有厚厚的大气层，经常可以在黎明或黄昏时看到它。

生：火星，远离太阳，空气稀薄，表面温度较低，外表是红色的。木星，太阳系中最大的行星，也是仅次于金星的第二大亮星，大红斑是它的重要标志。

生：土星，有许多卫星，还有美丽的光环。天王星、海王星距离太阳较远，温度很低，称为远日行星。……

【设计意图：引导学生用自己擅长的方式表述研究过程和结果，并进行交流。】

教师穿插补充：什么是恒星、行星，播放介绍太阳系的视频。

适时补充最新科技信息，如天问一号、神舟十三号等。

师出示八大行星与日距离、直径大小比较表格，提出问题：用表格整理数据有什么好处？

生：这样方便比较。

生：用数据呈现，比我们了解的八大行星的大小、距离更准确。

生：我还发现，表格里的数据不是准确大小和距离，是以地球的大小和日地距离为单位1，其他行星的大小及与日距离按照比例得出一个数据，这样便于比较数据的大小，使用比较方便。

师：大家思考的非常全面，那我们应如何使用这些数据，帮助我们制造太阳系模型呢？

生：先做出地球，再根据地球的大小，利用表格中的数据制作其他行星。

生：可以把日地距离当作1 cm，其他行星与日距离就是表格上呈现的数据，这样就可以排列出它们的顺序，还能把距离远近表现出来。

师：看来同学们都认识到了利用表格整理数据的优势，在以后整理信息时也可以尝试这种方法。

【补充我国探索宇宙的最新科技信息，引导学生关注科技发展；引导学生认识利用表格整理数据，将大的数据按照一定比例缩小，这是整理信息的一种方法，便于分析比较。关注学生思维发展。】

3. 全班合作完成太阳家族模型制作。

指名 9 位同学上前，根据行星大小拿不同的球代替太阳家族成员；其他同学排列它们的顺序，并按照表格中各行星与日距离，适当调整位置；共同完成更具科学性的太阳家族模型。

【设计意图：从生活中取材，将模型制作活动放大、可视，全员参与，能基于对太阳系的认识，初步合作完成一个太阳系模型的制作。】

三、拓展延伸，继续探究

1. 出示太阳系模型其他制作方式：画图、立体模型等。

师：请大家在小组内讨论确定喜欢的模型类型，完成"清单"的后半部分，为制作模型做好后续准备。

小组开始讨论完成"清单"。

教师提出：探索永无止境，希望大家课下小组合作完成太阳系模型制作，使你们的模型更加形象逼真、符合太阳家族的特征，下节课我们进行展示交流。

2. 课下继续探究关于太阳系的问题。

【设计意图：拓宽学生的思路，引导学生基于认识制定制作计划。保持与发展想要探索宇宙、乐于探究与发现周围事物奥秘的欲望。将探究活动延伸到课下。】

板书设计：

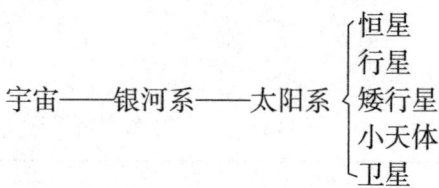

太阳家族

宇宙——银河系——太阳系 { 恒星 / 行星 / 矮行星 / 小天体 / 卫星

附录："太阳家族"模型制作准备清单

准备项目			
	相关资料信息	家族成员	
		各成员大小	
		各成员与日距离	
		其他	
	制作模型类型		
	所需材料		
	制作设想		
	小组成员分工		

专题四　核心素养导向的小学科学单元整体教学反思

小学科学五年级下册"滑轮"教学反思

本节课的设计，我坚持启发式、探究式、体验式教学，注重现代教育技术在实际教学中的运用，力图让学生从经验走向理性，从生活走向科学，再从科学回归生活，让学生学会用科学的眼光和方法解读自己熟悉的生活，用探究的过程建构科学的认识。所以本节课安排了一个大的探究活动，有两个内容，一是认识滑轮，二是组装滑轮，研究滑轮作用，目的在于让学生经历科学探究的一般过程，从中发现问题、提出问题，并通过实验解决问题，建构起对滑轮这一简单机械的认识。

带着自己觉得还算不错的教学设计，把材料准备齐全，我开始了对本节课的第一次上课，但在课堂中却出现了意想不到的情况。我们都知道定滑轮的特点是不省力也不费力，但能改变用力的方向，这些特点是应该从实验中探究得到的，但在实际的实验中，绳自由端的拉力却小于钩码的重力，给学生造成了定滑轮也省一点力的假象，无法得出"定滑轮不省力"的结论，当时我以实验中有误差来及时地"引导"了学生，勉强使学生接受了"定滑轮不省力"的结论。课后请教其他老师也没有得到满意的答案，我开始思考问题到底出在哪里，自己做出了几种假设：摩擦力的影响、测力计倒置使用的原因、测力计内弹簧老化、测力计种类影响等。但在反复实验中，发现使用平板测力计和圆筒测力计都会出现这种情况,排除了这方面的原因。从杠杆原理来解释:定滑轮不省力是因为它实质是一个等臂杠杆,而动滑轮是一个动力臂是阻力臂两倍的杠杆,所以动滑轮费力,由此也排除了摩擦力影响的因素。最终,把问题集中到了测力计倒置的使用,于是我开始上网查阅,发现这个问题是很多科学老师都遇到过的疑惑,其中一篇文章介绍到:这是因为弹簧测力计是反方向拉绳子自由端的,实验者也是反方向读数的。不排除实验者读数不准确、绳子与滑轮间有摩擦等因素的影响。但最根本的原因在于弹簧测力计是反方向测力的,以挂钩与绳子自由端的接触点为研究对象会发现,弹簧测力计的拉力应该等于钩码总重力减去挂钩和弹簧的重力。看了这个解释,感觉有些道理,可还是有些疑惑。于是,抱着试试看的想法,我增多实验砝码的个数,从原来的1个变为2个、3个、4个、5个……实验中,我惊奇地发现越增大钩码的总重力,绳自由端的拉力越接近于钩码重力。当挂到3个以上的钩码后,绳自由端的拉力就基本等于钩码重了。由此得出探究实验中要尽量多挂些钩码,而且要让装置平衡,当然,被测钩码重力不能超过测力计的最大量程5牛。得到这个结果,我惊喜不已,以后再上这节课就有底气了。我对此的解释是:挂钩和弹簧的重力是不变的,经测量大约是0.1牛。当钩码的总重力较小时,挂钩和弹簧的重力会对实验产生较大的影响;当钩码的总重力较大时,挂钩和弹簧的重力几乎对实验没有影响。这就是为什么有时实验会得出定滑轮有时会省一点力的错误结论。(但这个解释还有待于和其他专家、老师进一步探讨交流,才能确定其准确性)

试课中的这个小插曲,我意识到了:课前对材料的检查及实验操作中可能发生情况的预测是课堂中引导学生探究活动成功的必要前提,也是对科学教师专业素质的考验。定滑轮的特点教学看似简单,操作起来却出现了意想不到的特殊情况,这就要求教师不能照本宣科,要亲自动手实验,遇到微小变化千万不能轻易放过,认真分析,抓住主要因素,忽略次要因素。同科教师间也要多探讨,共同提高,为自己科研能力的提高和学生科学素养的养成积累经验。

再上这节课,我把小组实验的钩码数量增加到3个以上,整个教学过程中,学生思维比较活跃,兴趣很高,顺利地完成了各项探究活动,"定滑轮不省力"的结论自然得出,由此也引导学生要有实事求是、尊重事实的科学态度,并且注重教学过程中的新情况、新变化,生成新的教学目标,将科学探究活动延伸至课下,课堂活动的结束成为学生课下探究的新开始。我始终坚信:让学生从生活走向课堂,再从课堂走向生活,这才是科学教学的真谛。整个教学只有以科学知识为载体,以科学探究为过程,以科学情感为动力,才能全面提高学生的科学素养。科学课堂不仅是学生探究、成长、发展的乐园,更是我们科学教师不断创新、探索发展的天地!

小学科学五年级下册"滑轮"观评记录

【观课记录一】

观课维度	观课记录
维度1: 教学目标	1.通过深入解读教材,制定的教学目标比较恰当、明确。正确把握教材、制定目标后,能在教学过程中,根据教学内容实际进行灵活的调整。 2.根据学生实际,恰当使用教材,整合教材内容,由单一滑轮的认识,逐步过渡到定滑轮及动滑轮,最大限度地挖掘教材资源。 3.目标落实较扎实,测力计的使用在实验中可以看出大部分学生掌握扎实;通过动手操作、实验,让学生知道了滑轮的组成,定滑轮和动滑轮的区别以及优、缺点,也能知道日常生活中滑轮的应用。"小小吊车"的课后拓展部分既总结了整堂课所学的内容,又留给学生悬念,让其课后探究,进一步了解滑轮组的妙用。 4.能注重学生探究过程中新问题的生成,并予以关注,或解释或延伸至课下,在实现本课教学目标的基础上,深入挖掘教材,拓展学生的思维与认识。
维度2: 教学方法	1.课初通过观看小视频,结合学生的发现,引导学生提出想知道的问题,开始了本节课的探究之旅。 2.在认识材料后,学生小组内自主探究使用滑轮提起重物的方法,充分调动了学生的探究欲望,在操作中体验成功,找到两种不同的方法。 3.注重过程教学,不断引发学生新的思考与疑问,层层推进,从组装滑轮到研究滑轮的作用,再到用学到的知识解决课初的问题,使学生的思维不断深入,关注了学生思维的发展状态。

（续表）

观课维度	观课记录
	4. 尽可能关注每一个学生的学习状态，面向全体学生，促成全体学生的整体提升。鼓励学生大胆发言，勇于猜测，注意培养学生的观察能力，大胆猜测以及动手操作的能力。 5. 关注学生实事求是、尊重事实及反复实验提高结论准确性的科学态度的培养。
维度3： 课堂预设与实际效果	1. 在导入课程时，巧妙地激发了学生学习科学课的热情，同时，整个探究过程中注重引导学生良好科学学习习惯的养成：比如认真观察，大胆猜想，深入思考，动手操作，小组合作等。 2. 在课堂中，大部分学生都能积极参与科学课堂，顺利地完成了探究目标。教师能灵活处理课堂中出现的新问题，并将探究延伸至课下。小组合作效果很好，能做到分工明确，并善于整理分析所得的数据，建构科学的结论。 3. 教学过程中，每时每刻都在关注学生科学素养的形成，坚持科学教学的基本理念：科学课程面向全体学生，让学生成为科学学习的主体，始终以探究为核心，贯穿整个教学过程，对于学生的评价也以鼓励和肯定为主，维护学生对科学学习的兴趣。
维度4： 学生在课堂中的表现	1. 学生在层层推进的各个环节中，思维活跃，观察力强，能不断产生新的思考与发现。 2. 部分学生勇于表达自己的观点或者疑问。 3. 在三次小组实验操作和讨论时，大部分学生都能规范操作、尊重事实，有较好的科学学习习惯，对滑轮的特点、滑轮的使用方法以及定滑轮和动滑轮的优缺点有了较好的掌握。 4. 小组实验或者汇报总结时，大部分学生可以主动参与，用自己擅长的方式表达交流。

合理建议：

1. 在整节课的节奏安排上可适当调整，留给学生充足的探究时间，研究滑轮的作用。

2. 相信学生的能力，课堂语言再锤炼、简化一些，个别重复性的语言可省略。

3.在不漏痕迹的引导上多下功夫，多走进学生，做他们探究的合作者。

4.学生机械记忆的部分可省略，遵循新课程理念，采用灵活多样的形式引导学生去识记。

【观评记录二】

观课	评课
一、创设情境，提出问题 师播放升旗、晾衣架视频 学生观察，提出发现：都有轮子样的装置 教师引导：对于这个发现你有什么问题想知道？ 学生陷入思考，师进一步引导：当你接触一个物体，你最先想知道的问题是什么呢？ 学生：这是什么？有什么作用？它是怎么做成的？怎么使用它？…… 师：带着这些问题，开始我们今天的探究之旅。 二、活动推进，自主探究 1.认识材料 学生小组内了解材料，提出自己认识的有：支架、钩码、细绳、测力计，并介绍测力计的正确使用方法。 师重复强调如何正确使用测力计。 师引导学生仔细观察不认识的材料——滑轮，并描述其特点。 生指出：会转、边缘凹进去了…… 师进一步引导：你猜一下边缘凹槽的作用、轮子绕着哪里转的，并出示课件介绍滑轮的组成：边缘有槽，绕中心轴转动的轮子称为滑轮。（板书课题：滑轮） 2.初步使用滑轮 学生试着用测力计测一个钩码的重力，教师强调：注意正确使用测力计。 教师指出：大家测量一个钩码的重力，把钩码提了起来，说明提起一个钩码，我们可以采用直接提起的方法。（板书画出示意图）你能否借助滑轮、支架、细绳将钩码提起来呢？你能想出几种方法？	从学生生活入手，引导学生从"这是什么？为什么这样？"等方面提出问题。 学生的思维被打开。 学生对测力计使用方法识记不清，师进一步强调，为后续探究做准备。 引导学生学会观察，了解滑轮结构特点，并为使用滑轮做铺垫。 "认识材料"环节可适当简化，节省时间。

（续表）

观课	评课
师出示课件，学生小组内开始操作研究。 交流展示，指名两个小组各派两名同学到讲台展示。 师根据学生的展示介绍他们的方法，并把两种方法的简图贴到黑板上。 学生观察两种滑轮使用方法的不同。	满足学生操作使用的欲望，激发其探究的兴趣。
汇报交流：一种是往上拉、一种是往下拉 师引导学生总结：第一种是改变了用力的方向，第二种没有改变用力方向，并引导学生继续观察。	贴图的方法简便、直观。
学生指出：一个滑轮是固定的，一个是随重物移动的。 师引导学生根据两种滑轮的使用特点给它们命名。 生提出：定滑轮、动滑轮。	引导学生自己发现其特点，明确用力方向是否改变。
3. 深入探究滑轮 教师：那我们提升重物，使用动滑轮好，还是定滑轮好呢？ 生提出：定滑轮好，固定比较安全。	这里可穿插几张滑轮在生活中应用的图片。
师进一步引导：在提升重物时，最重要的是要考虑装置的什么呢？（省不省力气）	引发学生的深入思考。
生提出：定滑轮省力，因为它是固定的；动滑轮不省力，因为它除了要提升重物还要提起滑轮 ……	耐心地挖掘学生的生活经验。
师：大家说的都很有道理，想办法证明自己的观点。 小组讨论实验方案 交流方法：分别使用定滑轮和动滑轮提起钩码，比较谁省力。 师引导：它俩互相比较，科不科学？是不是需要一个统一的标准来比较？ 生提出：和直接提起钩码的力来比较。 指名学生完整描述实验的方法。	动手之前先动脑。 引导学生使用科学的探究方法。
师出示实验提示：合作、匀速提拉、正确使用测力计、反复实验、做好记录…… 小组开始实验，师巡视指导，为节省时间，大家分开研究，左边同学研究定滑轮，右边同学研究动滑轮。	强调实验注意事项，确保实验成功，提示比较详细。

（续表）

观课	评课
三、点拨互动，建构结论 1.交流汇报所得数据，师在课件中把各小组实验结果进行汇总，5组数据进行分析、建构结论。 师引导学生认识汇总小组数据、建构结论的用意：多组数据使结论更具科学性。 得出：定滑轮不省力、动滑轮省力（板书）。 学生对这个结果感到意外，师引导学生：看到这个结果，你想说什么或产生了什么新的问题？ 生：为什么动滑轮省力？ 我们的猜测有时是不准的。 师引导：但猜测是我们科学探究必须要有的，只有进行了猜测，才会进行下一步的探究，才能得到正确的结论。 师：你能回答我们之前的问题"提升重物，使用哪种滑轮好？"了吗？ 生指出：它们没有好差之分，各有利弊。 师生一起发现定滑轮和动滑轮的优点。 2.师：如果想既省力又方便，你能想到什么办法？ 生提出：把定滑轮和动滑轮结合起来用。 师指出：课下大家可以小组组装滑轮组，并研究其作用。 师出示视频，了解滑轮组的应用。 四、总结反思，应用迁移 1.回到课初的问题：旗杆上的滑轮是什么滑轮，有什么作用？晾衣架上的呢？ 2.生活还有哪些地方利用了滑轮，起到了什么作用？ 生：电梯、索道…… 3.课下大家也可以利用本节课学习的滑轮，制作一个小小起重机，师出示展示课下继续探究的问题。 4.出示"评测练习"，学生课下完成。	这个环节可以放在实验开始前提出。 这个方法很好，避免偶然性的数据得出结论。 引导学生正确的科学探究态度。 探究中引发新的问题，得出结论不是探究的结束，而是新的开始，并引导学生认识大胆猜测的重要性。 辩证地看待问题。 寻求更完善的使用方法。 科学回归生活，服务于生活。 将探究延伸至课下。

（续表）

总评	本节课教学环节层层推进、结构严谨，从学生生活实际入手，引导学生去发现、去提出想知道的问题，带着问题开始了探究活动。整个探究活动遵循：提出问题—自主探究—建构结论—联系生活的基本环节，注重学生思维的发展与不断深入，耐心地引导学生自己发现、总结，尊重学生的认识与想法，关注学生科学探究态度及科学学习习惯的培养，形成了民主和谐、相互尊重、合作探究的教学氛围。最后科学回归生活，用学到的知识解决课初提出的问题，并进一步去发现生活中的应用，向学生渗透科学与生活密切联系、科学服务于生活的情感态度。并关注学生以科学的态度思考实验结果，生成新的问题，将探究延伸至课外。整节课学生探究积极性很高，顺利的达成了各个教学目标，学习效果很好。

小学科学五年级下册"滑轮"效果分析

一、课上小组实验记录效果分析

组别	钩码个数	直接提起钩码所用的力（牛）	用定滑轮提起钩码所用的力（牛）	我们发现
1	4	2.0	2.0	定滑轮不省力
2	2	0.9	0.9	
3	3	1.6	1.6	
4	4	2	2	
5	3	1.5	1.5	

（续表）

组别	钩码个数	直接提起钩码所用的力（牛）	用动滑轮提起钩码所用的力（牛）	我们发现
6	3	1.4	0.8	
7	1	0.5	0.3	
8	2	1	0.6	动滑轮省力
9	1	0.6	0.4	
10	1	0.5	0.3	

从实验记录来看，各小组基本能尊重事实做好记录，而且在实验过程中也注重了反复实验。每个砝码的重力为0.5牛，有的组测3个砝码，出现了重力为1.4牛的情况，有4个组出现了这样的情况，究其原因，有的是测力计存在误差，还有的是使用测力计的读数方法不正确，这些问题都是课堂中应该及时发现并指导学生或向学生做出解释的。本课的科学态度目标"科学结论的得出以事实为根据，体验合作交流的乐趣"，已基本达成。根据课堂小组活动观察，极个别同学不能融入小组合作中，影响了小组的效率，更不利于自身的学习。

二、课后评测练习效果分析

从本课的教学目标出发，设计了5个题目作为课堂学习效果的检测内容。本班学生共40人，4人一组，分为10个小组，上交的40份评测练习中，11名同学正确率为100%。现对各个题目进行详细分析：

1.本节课，我们认识了一种简单机械，它是（　　　）。

2.不随重物上下移动的滑轮叫作（　　　），它可以改变（　　　）的方向；随重物上下移动的滑轮叫作（　　　），它能（　　　）。

如果站在楼顶，我们可以借助（　　　）滑轮把重物运到楼顶，如果站在楼下，可以借助（　　　）滑轮把重物运上楼顶。

3.如图是（　　　）装置，能起到既（　　　）又（　　　）的作用。

第1—3题主要是对本课知识目标的反馈。第1题的正确率为100%；第2题的正确率为95%左右，出错主要集中在"定滑轮可以改变（用力）的方向"，部分同学心里明白，但描述的不准确；第3题的正确率为95%左右，问题还是体现在"改变（用力）方向"上。从以上情况来看，本节课的知识目标"知道滑轮的特点，了解定滑轮、动滑轮的作用；初步认识滑轮组"已基本达成，对于"动滑轮不能改变用力方向、定滑轮能改变用力方向"这一点，课上尽管已经用红笔在黑板上做了标注，引导学生自己总结，但还是有部分同学没有深入的理解并识记，说明这是学生掌握的难点，需要进一步思考解决方法。

4.你用什么方法证明了动滑轮省力？用你喜欢的方式描述。

第4题是对科学探究目标的简单体现。第4题正确率为85%左右，有的同学用语言描述，有的采用画图的形式，还有的画上了实验记录……形式多样，但还有部分同学不能清楚地描述实验过程。从本题来看科学探究目标"利用材料组装滑轮，并进行实验；会利用简单的实验记录表客观真实的进行记录，并运用其采集、整理、分析和解读数据，建构科学的结论"的实现，达成度不是太好，不排除个别同学会做不会描述的情况，但是也反映出学生对实验方法的掌握还不是很熟练，或者小组合作的程度不够，有的实验记录只是部分同学参与实验的结果，同时也反映出部分同学良好的实验习惯还没有养成。

5.生活中还有哪些地方利用了滑轮，起到了什么作用？

第5题是对科学态度目标及科学、技术、社会与环境目标的反馈。正确率为90%左右，第一问回答比较好，在第二问的回答上，部分同学没有把握好各种滑轮的优点来描述。本课目标"体会到科学技术与社会、生活密切联系"已基本达成，学生体会到了滑轮对生产生活的重要作用。

结合以上情况的分析，综合来看，教学目标达成较好。学生科学学习的习惯：如有根据的提出问题、大胆猜测、敢于表达自己的看法、制定科学的实验方案、准确的表达、会倾听、会合作等方面有待提高。

把课程目标细化为课时目标　以课程标准指导课堂教学

科学课程的育人功能是用课程目标的达成来体现的，而课程目标是一节一节具体的课时目标来实现的。所以我们在备课时应该从课程标准入手，明确课程目标及课程目标体现在本课时的具体目标，以此来确立课堂教学。基于对学科核心素养、课程标准及课堂教学学习目标的对应关系的理解，从科学学科四大核心素养入手：科学观念与应用、科学探究与交流、科学思维与创新、科学态度与责任，进行了"认识空气"这一课的设计。

一、教学目标的确立
（一）课程标准要求
先把握整体的课程目标，再从四个维度："科学知识""科学探究""科学态度""科学、技术、社会与环境"来解读体现在本课中的具体要求。
课标中对本课内容的要求为：
学习内容：空气具有质量并占有一定的空间，形状随容器而变，没有固定的体积。
学段目标：观察并描述空气的颜色、状态、气味等特征。
（二）教材分析
首先要细看教材单元主题的构成、特点及教育价值，并精读教材，弄清本节课要教什么；在此基础上思考本节课的认知类型及特点，把握每个活动的核心作用及关联，以及本节课的内涵及外延所涉及的范围。结合这些思考来分析本节课。
教材安排了两个大的活动：观察空气的特点、观察空气是怎样流动的，并在此基础上延伸：空气和水的不同点。在第一个探究活动中出示了三幅图：闻空气、牛奶和空气比较观察、瓶子吹气球，旨在引导学生可以利用感官观察、在比较中观察，还可以借助其他物体进行观察，指导学生进一步认识什么是"观察"的探究技能；在用塑料袋装空气的活动中，用泡泡语提示学生，认识到空气虽然看不见摸不着，但它是确实存在的，它能让塑料袋鼓起来；在"观察空气是怎样流动"的活动中，出示了吹蜡烛和蚊香的烟在飘动的图片，旨在引导学生借助身边的材料看到空气的流动，加深对"空气能流动"的认识；"拓展活动"中，小男孩两手分别托着一瓶空气和一瓶水，旨在利用找不同的活动，认识空气和水的特点、训练学生对比观察的能力。整个探究过程中引导学生从用感官观察到借助物体观察，再到对比观察，体现了对学生科学方法的指导和能力及思维发展的培养。

（三）学生情况分析

学生情况的分析主要从认知特点、知识储备、兴趣点、技能水平等方面来思考，可以通过学情前测的方式来了解，如：谈话法、调查法等。学生在前期的学习中已经知道了"我们周围到处都有空气""水是没有颜色没有气味、没有味道的液体"，并且积累了利用感官观察物体的方法：看、闻、尝、摸，初步尝试了借助水来观察空气。学生在生活中已经有"我们离不开空气"的认识，并对空气的特点有一定的了解。由于所处的年龄阶段，学生对于玩具的新玩法及在"做中学"会比较感兴趣。基于以上三方面的全面了解，把本节课的课时目标确定为：

科学知识：能通过观察认识空气是没有颜色，透明没有气味能流动的。

科学探究：能利用多种感官观察认识空气，并尝试借助材料观察和比较观察的方法加深对空气的认识。能用语言描述观察到的现象并与同学讨论交流、得出结论。

科学态度：在认识空气的过程中能产生对空气特性的探究兴趣，尝试多种方式认识空气。愿意倾听，分享他人的信息，乐于表达讲述自己的观点。能按要求进行小组合作探究。

科学、技术、社会与环境：意识到保护环境防治空气污染的重要性。

二、教学目标的达成路径

在确立目标的基础上，如何进行精准教学，需要围绕目标来设计教学过程，把教学过程中的每一个环节作为教学目标的达成路径来考虑，时刻关注对学生科学方法的指导及思维能力的提升。本节课设计了以下三个环节：

（一）创设情境，提出问题

从学生喜欢的气球引人，调动学生已有的玩气球的经验，提出新鲜的玩法"瓶子吹气球"，在好奇心的驱使下，激发学生的探究兴趣。并考虑学生的认知规律，把用塑料袋装空气的活动调换到这个环节，是对学生"空气是看不见摸不着"的认识的提升，初步了解空气是确实存在的，为后续的探究活动做好铺垫。

（二）活动推进，自主探究

在引导学生"介绍空气"的活动中，指导学生在原有基础上尝试多角度、多方式认识空气，初步尝试用比较观察的方法提升对空气的认识。在小组合作"用瓶子吹气球"中，指导学生借助材料观察的方法，同时也是思维能力的提升。

（三）点拨互动，建构结论

指导学生形成运用观察与描述、比较与分析等方法得出结论的意识。

三、教学目标达成效果的检测

这一方面主要体现在课堂教学中"评价反馈"的环节。评价的功能应体现在：反馈、激励、导向等方面，评价点应从教学目标入手来设计，并且要对评价结果进行分析，判断教学目标达成的效果，由此来反思教学设计的可行性，考虑后期如何根据学生的认知和发展规律来进行教学。

整个教学设计，从核心素养到课程标准，再到课堂教学学习目标，经历了把课程目标细化到课时目标的过程，以课程标准指导课堂教学，突出了"全面了解—准确定位—精准教学—评价反思"的基本思路。教学过程中把教学环节作为达成每一个目标的路径来实施，并在每个活动中考虑学生发展了什么，关注学生认识的提升、方法的训练、思维能力的培养，为实现学生后续各个目标的进阶奠定基础，体现了围绕目标设计教学过程、用课程标准指导课堂教学的教育理念。

小学高年级学生科学学习特点分析及教学建议

在"教—学—评"一体化教学设计过程中，教学目标作为教学过程中活动设计及教学效果评价设计的依据，如何确立教学目标成为重要的一环，其中对学生情况的了解及认识又是我们确定教学目标的关键因素，除在课时教学中对学生的生活经验、认知基础及存在困难等方面具体分析外，还要对处于某个学段的学生科学学习特点进行分析和掌握，以便更好地设计和调整教学，为学生科学核心素养的提升做好保障。现对处于高年级学段学生的科学学习特点及依据学生特点在教学中我们应注意把握的重点问题进行分析。

一、高年级学生科学学习特点

从心理学角度来看，学生的认知特点从具体形象思维逐步向抽象逻辑思维过渡，但思维活动仍具有很大成分的具体形象色彩；注意力、记忆力、想象力快速发展；注意的持续集中、转移、分配及注意的广度等都有一定程度发展；已逐步学会区分概念中内容是否是主要的或本质的；对科学概念有了初步掌握，在逻辑论证方面开始学着独立进行；创造性日益增多，有意想象快速发展，并逐步尊重事实、符合客观情况。

情感内容方面，开始在深度和宽度方面逐渐发展，对自己情感的外在表现逐步能够觉察，并能思考由此会导致的结果，同时调控情感的能力也在逐步增强；意志方面，自制性、果断性、自觉性、坚持性有一定发展。初步形成一定的学习态度，并且随着主体意识的觉醒，逐步对教师产生选择性及怀疑的态度；出现意识较强的学习动机。

学生经过前期的科学学习，形成了一定的认知基础和生活经验。物质科学领域：对于常见的材料在生活中的应用及所处的声音世界并不陌生；知道水的特点及水的浮力、表面张力、毛细现象等，对水的三种状态及其在生活中的存在现象有一定的认识；有对生活中的蜡烛、食盐、水泥、铁、牛奶等物质基本性质的了解，但还没有尝试用辩证和联系的观点来看待物质的变化；对于常见的运动与静止现象及运动方式等比较熟悉；生命科学领域：对病毒、细菌有所了解，但还不能把它们的生命繁殖活动与一些自然现象联系起来；低、中年级已经对植物和动物的分类及特征、植物的蒸腾作用、光合作用、动植物与人类的关系等有所了解，对动植物与环境相适应的事实思考不多。地球与宇宙领域：对地球表面已有初步认识，对火山、地震等自然现象有所了解；中年级对太阳有了基本的认识，对于抬头能见的太阳东升西落、月亮时缺时圆、昼夜交替变换、四季循环往复，有现象的感知，对其成因的认识有自己的猜测和假设。（由于五、六年级上册内容没有明显涉及技术与工程领域，所以这里只呈现了三个领域的认知基础）

探究能力方面：经历了教师在低年级的指导和中年级的引导，学生已经能从具体现象与事物的观察、比较中提出可探究的科学问题，并从现象和事件发生的条件、过程、原因等方面做出假设，制定简单的探究计划，运用感官、工具、仪器进行观察并描述对象的外部特征及现象来搜集证据，能用比较科学的词汇、图示符号、统计表等方式记录整理信息，陈述证据和结果，并得出结论，能正确讲述探究过程与结论，能倾听意见并交流，能对探究过程、方法、结果进行反思、评价与调整。

科学态度方面：在好奇心的驱使下，表现出对现象和事件发生的条件、过程、原因等方面的探究兴趣；能以事实为依据，面对有说服力的证据能调整自己的观点；乐于尝试用多种材料、多种思路、多种方法完成探究；能分工协作，乐于分享想法，贡献自己的力量。

科技意识方面：了解科学技术给人类生活带来的方便，以及对人类生活方式的影响；意识到人类需求是影响科技发展的关键因素，具有环境保护、节约资源的意识。

二、高年级教材整体感知及课程标准对高年级要求的提升

（一）高年级教材整体感知

对学生有了基本的了解之后，再来整体了解五、六年级教材内容及课程标准对高年级的具体要求。五、六年级上下册，都包括六个单元，在学生已有生活经验基础上，主要通过这些方式进行探究，猜想与模拟实验、观察与实验、观察分析与预测、问题与方案、观察实验与专题研究等，这与低、中年级是有明显区别和提升的，以此来达成四个维度的目标，最终为学生科学素养的形成奠定基础。学生已有的生活经验、采用的探究方法、达成的思维目标及最终指向的科学素养之间是相互影响、相互作用的，生活经验是学习本部分内容的基础，而学习完这些内容，学生的积累和提升又将成为后续科学学习的基础，探究活动的开展影响目标的达成效果及学生科学素养的形成，反过来，学生前期科学学习中形成的科学素养也会影响探究活动的顺利开展和目标达成的效果，所以，我们在设计每节课时，要站到更高的位置来思考，每节课都是在为学生科学素养的形成及终身发展奠基，基于这种理念，再去思考学生在每节课中要获得什么、发展什么。

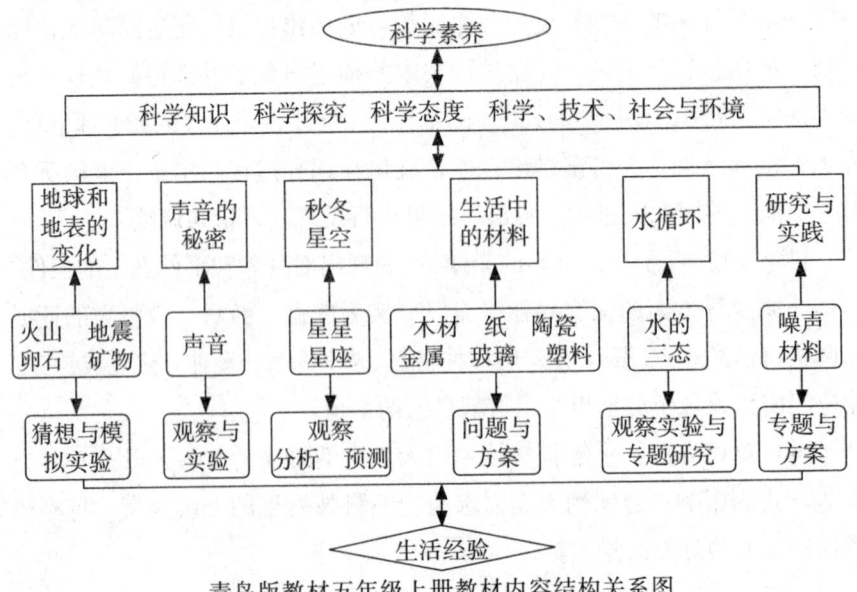

青岛版教材五年级上册教材内容结构关系图

（二）课程标准对高年级要求的提升

课程标准对高年级的具体要求，是有进阶思想体现在其中的，科学知识方面：由现象→规律→成因与内在联系；科学探究方面：由指导→引导→自主探究；科学态度方面：对现象的兴趣、用事实说话、多角度多方式认识事物、按要求合作探究→对条件、过程、原因的兴趣，依据事实调整自己的观点，多材料、多思路、体会创新乐趣，接纳、分工协作、分享→对结构、功能、变化及关系的兴趣，再次验证、以事实依据作出判断，探究设计与制作、培养创新精神、反思调整、形成集体观点，每个学段都是从科学态度的四个维度（探究兴趣、实事求是、追求创新、合作分享）进行描述的，进阶的思想非常明显；同样，在科学、技术、社会与环境方面，也是如此，科技给生活便利、科技改造自然、意识到保护环境重要性→科技影响生活和思维方式、人类需求影响科技发展、愿意采取行动保护环境与资源。把这些要求横向连接就可以清楚地看到课程标准对各学段的具体要求，不难看出各年段的要求是逐层递进、逐步提升的，各年段内容的设置、探究方式的选择、目标达成都应该是相对应的，从课标要求出发，确立适合高年级学生的探究方法，进行高年级内容的教学，达成四维目标中指向高年级的年段目标。

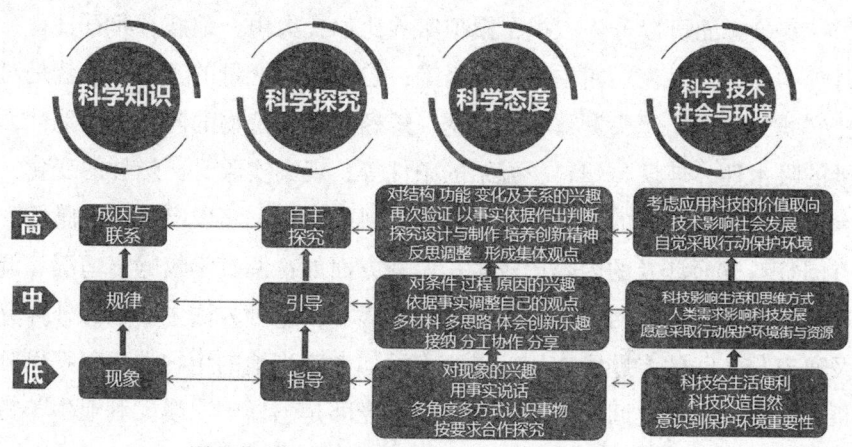

课程标准中四个方面目标在各学段具体体现

三、课堂教学建议

第一，引导学生从事物结构、功能、变化及相互关系等角度提出可探究的科学问题。

比如可以提出这样的问题：地球的内部结构是怎样的、材料的性质及功能、什么因素影响水的三态变化、耳朵的结构是怎样的、我们听到声音与耳朵结构有什么关系、月亮的变化有规律吗、月相的成因、四季循环往复与什么有关系、昼夜更替对生物有什么影响等，引导学生提出有针对性的假设，并说明假设的依据，如我们听到声音与耳朵结构有什么关系，耳朵里可能有能振动的部分，因为振动产生声音；什么因素影响水的三态变化，可能与温度有关，因为天冷的时候水能结冰、变暖后并融化成水。

第二，鼓励学生从不同视角提出研究思路。

如：噪声的防治可以从声音的产生、传播、接收方面来进行研究；影响土电话效果的因素可能有：线的长短、材料、粗细等，增加听筒的数量会不会影响效果。

第三，指导学生通过观察、实验、查阅资料、调查、案例分析等方式获取信息、搜集证据。

实验方面可以分为三类，模拟实验比如：火山、地震、卵石日食、月食的形成，昼夜、四季更替成因等；控制单一变量的实验，也就是对比实验，包括：馒头发霉、铁生锈、蚯蚓找家、植物的向光性向地性、纸的吸水性、玻璃与塑料、凝结的条件等；观察实验有：蜡烛的变化、食盐和水泥、声音的产生传播、各种材料的特点、蒸发吸热、沸腾等。查阅资料方面涉及的内容比较多。调查方面如：调查学校噪声情况、调查材料与我们的生活、调查儿童常见疾病等，这种方法主要在课外探究及研究与实践的专题中应用。考察方面如考查当地的生物群落。案例分析方面有从生物之间联系的角度分析屎壳郎是怎样解决澳大利亚牛羊粪堆积问题的。

第四，启发学生深入思考，寻找事物及现象之间的内在联系，尝试用联系的观点来解释。

如水的三态变化可以与蜡烛的燃烧、融化及食盐、水泥联系起来，用"有没有产生新物质的变化、是不是可逆变化"来解释，水的三态变化没有产生新物质，属于可逆变化，同样蜡烛的变化也可以和食盐、水泥相联系，还可以由此产生新的问题是不是所有的可逆变化都不产生新物质呢，或者是不是所有不产生新物质的变化都是可逆的，这样就可以引发学生寻找事物及现象内在联系的思考。还有可以把太阳东升西落与星座四季变化联系在一起，用运动与静止具有相对性来解释。

第五，引导学生关注结果与假设是否一致，能分析原因，再次验证，以事实为依据作出判断。研究木材的沉浮时，有的沉、有的浮，要注意引导学生尊重事实，关注结果与假设的不一致，并能查阅资料分析原因：这与木材的密度有关，并再次验证，以事实为依据得出结论。

第六，关注学生对探究活动的过程性反思及总结性评价，做到及时调整、完善。这一点在探究过程的最后环节或课堂的最后都要注意引导学生去总结、评价、反思、改进。

第七，在单元评价或全册复习中可引入结构框图或思维导图，使学生学会用联系的思想将每一课时的内容整合，系统把握教材内容，达成由学段学习目标到学习内容，再到主要概念、学习领域的目标进阶，最终实现学生科学素养的提升。

处于小学高年级学段的学生，在认知基础、生活经验方面有了较丰富的积累，思维能力开始向宽度和深度发展，科学学习方法、能力及科学意识等方面，较低、中年级也有很大程度的提升，基于对此年段学生的认识和分析，结合科学课程标准对小学高年级科学学习四个维度的目标要求，选择与高年级学生适切性更高的教学策略与方法，为学生创设更具开放性的自主探究空间，关注学生科学观念的形成、科学思维的发展、探究方法的应用、科学意识与精神的培养，最终指向学生科学核心素养的发展。

专题五　核心素养导向的小学科学单元整体教学教研共同体建设

共商　共研　共成长
——记礼轩小学科学教研共同体发展之路径

一、依托校本教研制度，扎实开展科学教研

（一）制定计划，明确要求

常规要求备课、上课、作业三位一体是最基本的，面对美术、数学新入职年轻教师兼任科学学科的实际情况，首先要从常规抓起。开学初结合历城区科学教学工作要求和学校总体工作部署，制定礼轩小学科学组教研工作计划，确立固定的教研活动时间，每位教师轮流主持。其中的重点工作是规范教师的备课、上课及作业，在传达计划的同时，为每位老师发一张明白纸，内容包括历城区对科学的常规要求及本学期重点工作任务清单，让老师们对常规工作的标准有明确的认识，可以随时查看并检视自己的常规工作是否规范。每位教师结合教研组要求，认真研读课程标准和教材，制定自己所任年级的教学计划，对学期教学工作做到有目标、有规划。

（二）抓实常规，逐步完善

明确要求之后，定期的常规检查必不可少。检查过程中，教研组老师共同参与、互相学习，发现好的做法、查找自身不足。每次检查详细

记录每位老师的备课和作业批改情况，落实到人、逐一反馈，汇总教研组整体情况的优点、不足，提出整改要求，并把完成好的老师向学校推荐表扬。找问题、促完善，在规范中促质量提升。

（三）青年达标，能力提升

为促进青年教师快速入门，掌握科学课堂教学基本规范，充分利用历城区科学公众号"格致历城"发布的教学支持资源，向老师推荐优秀课例观摩，学习我区问题探究教学模式。结合学校组织的"青蓝工程""青年教师达标课"等活动，从学习课标到集体备课，再到课例打磨，围绕迫切需要解决的问题进行反复研讨，每人的一节课反复打磨二至三遍，在这个过程中，青年教师明确了科学课的基本要求，在互相听课、评课中，对课程理念有了更深入的认识，课堂教学能力迅速提升。

二、学研结合，创造教研组积极向上的学习科研氛围

（一）课标解读，把握方向

新的课程方案和学科课程标准的发布，引领新一轮的课程改革，及时组织教师们学习课程方案和课程标准，在解读中，对比新旧课标的区别与联系，保留教学中已有的好的经验和做法，深入学习领悟新的理念，尝试把新的理念应用到课堂教学中：倡导"做中学""用中学""创中学"；倡导以探究和实践为主的多样化学习方式，推进工程与技术实践；坚持素养导向，体现学习目标的连续性和进阶性；探索大单元教学，开展主题化、项目化综合性教学活动；创设良好的学习情境，重视"教—学—评"一体化；在学习学科核心概念的基础上，理解跨学科概念；强化过程评价，健全综合评价……大家在学习过程中线上线下随时交流，我们欣喜地发现，新的课程方案和课程标准提出的一些理念，我们正在探索和实践，这更加坚定了我们继续深入研究的信心和决心，老师们的成长在深度参与中真实发生。

（二）实验探索，不断创新

在组内教师反复研讨下，做好充足的准备，我们开始组织学生开展"家庭第二实验室"，为实验教学开辟了新的路径，学生的探究积极性非常高，选取在家能进行操作的实验，或独立进行，或就近组成小组合作完成，录

成视频展示共享，孩子们在提高动手操作能力的同时，体验到了成功的快乐，同时也为我校的科学教学注入了新的活力，在促进学生创新、实践能力方面提供了可借鉴的经验，此项活动的有效开展还在继续探索中。另外，为保证实验教学的顺利开展，教研组设计了小组探究活动记录本，老师们在使用中发现不足、不断完善，每学期开学初打印装订本册所有实验记录，每组一本，方便记录，也方便掌握每组的情况，目前一直沿用。在小组合作探究方面我们也做过一些探索，比如：如何分工、基本的探究流程等，为指导老师们组织小组探究活动，还录制小组实验视频供老师们参考。

（三）评价研究，优化教学

评价驱动着课程与教学，评价什么，如何评价，意味着我们想将学生引向何处。礼轩小学科学学科评价特点：素养导向、评价驱动；过程性评价与终结性评价并重，过程性评价包括课堂评价、作业评价、单元评价等，关注学生学习过程、学习方法的评价，作业区分不同层次：理解性、探究性、综合性、应用性、综合性等，终结性评价采用多维度测评，重点评价学生的科学探究能力、工程与实践能力及创新解决实际问题的能力；评价方法多样，评价主体多元，定性评价与定量评价相结合，表现性评价与纸笔测试相结合；动态生成，根据学习内容特点，研制开发评价方案或评价标准，从而充分发挥评价的导向、激励和诊断功能。

在教研组内组织做题、创题、说题等活动，从指向教学目标检测的命题设计到评价效果的分析，再到具体改进措施，用来反观指导课堂教学，真正实现"教—学—评"一体化教学设计的闭环，促使教师熟悉课标和教材、把握学情，以评促教、规范教学，为真正提升学生核心素养和学习质量保驾护航。

三、把握学习机会，积极反思实践

积极参与学校"单元整体教学"项目研究，把握每次学习研讨的机会，包括参与其他学科的单元设计修改，借鉴好的思路与方法。在一次次的学习中，从学习、理解到领悟，再到实践，针对一个单元的设计，组内老师都参与反复研讨、修改，从单课走向单元，将碎片化的知识结构化，基于核心素养和核心概念去理解和设计,采用项目式学习方式,任务驱动,组织开展教学活动,老师们也在经历任务驱动下的学习和探索,上位的思考、高起点的学习、实践平台,老师们在教研共同体中共同成长。

各级各类培训活动组织教师全员参与,并撰写学习收获与感悟,鼓励教师尝试应用在自己的教学中,并在主题教研中进行分享。比如老师参加历城区的课标培训后,主持开展了"以'塑料'一课为例结合课标要求确立课时目标"的教研活动,结合自己的实践研究分享参加区级培训的收获。以这样的形式促进教师学习、反思、实践,在"做中学""研中学",有效地提升了教师专业素养。

四、突出学科特点,探索创客教育新路径

学校设有3个创客教室、1个科学实验室、微型科技馆,配备了与教材配套的小组实验材料、分年级的创客材料等,硬件设施为我们开设实验教学、STEAM课程、编程课程、机器人课程、3D打印课程、创客空间等多门课程提供了优质条件。经过研究,结合目前的师资情况,我们确立开展了乐高课程、分年级创客课程、3D打印、机器人等课程,还定期组织全校学生开展实践活动,如创意绿植活动,一件件废弃的物品,在孩子们的创意中变成了充满童趣的花盆,在培育绿植的过程中,孩子们学会了运用科学的方法和眼光,进行观察和记录。各类活动和课程的开展,为培养师生的创新精神和实践能力,体验科技创新的魅力,感受科技创新的乐趣,积极推动校园创新科技活动的蓬勃开展,搭建了一个充满激情与乐趣的舞台,为学生播下了实践、想象、探究、创造的种子。学生在参加历城区科技文化节中,取得优异成绩。未来,我们将继续探索,把人工智能课打造成学校课程的品牌课程,提升学生的科学素养,彰显教育适应未来的独特教育价值。

在礼轩小学"共商、共研、共成长"的科学教研文化氛围中,年轻教师虚心好学、勤于钻研,努力构建有梯度、有深度的科学课堂,自身专业发展的同时,更促进了学生科学素养的提升。在今后的科学教学中,我们礼轩小学科学团队将"一如既往,一路前行",不断在科学教学的道路上共同探索、发展。

核心素养导向下大概念引领的小学科学教学设计探索

——以青岛版科学六年级上册"登上月球"为例

本文从科学课程要培养的学生核心素养（包括科学观念、科学思维、探究实践、态度责任等方面）入手，基于对课程标准中核心概念、学习内容、内容要求和课时内容对应关系的理解，进行"登上月球"一课的"教学评"一体化教学设计。

一、概念引领，确立目标

（一）解读课程标准

1. 科学观念方面

课程标准中与本课内容相关的目标为：认识太阳、地球和月球，知道它们之间的空间关系（3—4年级）；知道太阳、地球和月球的周期性运动以及相关的自然现象，能认识到太空探索拓宽了人类的视野（5—6年级）。

2. 科学思维方面

体现明显的是：分析事物的特征及结构，建立事实与观点之间的联系；初步掌握发散思维等创造性思维的基本方法，能基于事物外在特征展开想象，提出有一定合理性的观点。

3. 探究实践方面

体现比较明显的是以下六个方面：能基于所学知识，从事物的结构、功能、变化及相互关系等角度提出可探究的科学问题；通过查阅资料等方式获取事物的信息；用科学语言、概念图等方式记录整理信息，表述探究结果；运用分析、推理、概括等方法得出科学探究的结论；采用不同方式呈现探究的过程与结果；能对探究活动进行过程性反思和总结性评价，并及时调整、完善。

4.态度责任方面

不盲从、不迷信权威，能以事实为依据做出独立判断，面对有说服力的证据，愿意调整自己的想法；善于有依据地质疑别人的观点；就科学问题在认识上的分歧，乐于与他人进行沟通、交流和辩论，基于证据反思和调整探究活动；了解科学、技术、社会、环境之间的相互影响。

从以上可见，学习内容共同指向核心概念（九）——宇宙中的地球，教师要在引导学生掌握核心概念的过程中，培养其核心素养。

（二）分析教材内容

1.单元主题内容分析

本单元课与课之间以"太阳、地球、月球之间的关系"为主线串连为一体，主要对地球、月球的运行及其带来的自然现象、月球表面的概况及人类对月球的探索等方面进行研究，使学生从宏观上认识日、地、月的相对运行关系及相互影响，为后续探究宇宙打下基础。

2.课时内容分析

本课以四个活动展现人类对月球从已有认知到自主探究再到"登上月球"的探索过程，既激发了学生学习兴趣，又提高了应用知识探索未知的能力。综合以上分析，探究月球表面概况及为"登月"做准备的活动，指向核心素养中的科学观念、科学思维及探究实践，利于学生分析、综合、归纳、概括能力及综合运用所学知识解决问题能力的提升；人类探月历程及我国探月计划的呈现指向核心素养中的态度、责任，利于提高学生对科学本质的认识：科学研究的过程是不断接近真理、完善认知的过程。

3.把握学生情况

月球对于学生来说比较熟悉，除了经常能看到月亮外，他们已经研究过月相成因以及日食和月食的成因，对月球有一定的认识，对太阳、地球和月球三个天体及其相对运行关系也有初步的了解。在前期的科学探究中，也积累了一些搜集、整理、分析信息的方法，对于探究月球有了一定的知识基础、方法迁移和能力储备。同时，学生对月球仍保持着浓厚的探究兴趣，也为本课的探究打下了基础。

基于以上分析和综合把握，我们把本课的课时目标确定为以下方面。

科学观念：认识月球表面的概况；能认识到太空探索拓宽了人类的视野。

科学思维：能通过分析，建立月球表面概况与"登月准备"的联系；能用想象推理的方法探究月球表面、外部因素之间的相互关系。

探究实践：能从事物的结构、变化及相互关系等角度提出可探究的科学问题和研究假设；能通过网络、书刊或其他渠道获取信息，能用科学语言记录、整理信息；能运用分析、比较、推理、概括等方法得出科学探究的结论；体验探究的乐趣，乐于综合运用所学知识为"探月"做科学、合理的准备；能进行过程性反思和总结性评价，完善科学探月方案。

态度责任：能以对月球表面概况的认识为依据，做出对"登月准备"的独立判断；面对有说服力的证据，愿意调整自己的想法；了解人类对宇宙的探索历史，关注我国及世界空间技术的最新发展情况；了解人类的好奇心和社会的需求是科学技术发展的动力，技术的发展和应用影响着社会发展。

二、素养导向，实施目标

（一）创设情景，提出问题

1.学生学习活动

（1）欣赏月亮图片，介绍由此自己想到的。

（2）了解人类探月历程，总结科学探索月球的一般过程。

（3）提出进行探月之旅需要做知识和物品方面的准备。

2.教师活动指导与支持

（1）出示月亮图片及有关月亮传说的图片。

（2）播放人类探月历程视频。

（3）提出问题：进行探月之旅需要做哪些准备。

（4）引导学生认识到首先要了解月球的概貌，然后再做相应准备。

【设计意图：引导学生归纳总结人类探月的过程，引申到平时的科学探究；以项目式学习为导向，任务驱动，引导学生主动探究，了解人类对宇宙的探索的历史，初步建立"科学—技术—社会"三者关系的认识。】

（二）活动推进，自主探究

1. 学生学习活动

（1）整理、分析搜集的相关资料，交流对月球的认识，并提炼、概括需要的信息。

（2）根据对月球概貌及其外部条件的认识，研究探月之旅需要做的准备，完成"准备清单"。

2. 教师活动指导与支持

（1）提示学生整理、分析、记录的方法。梳理、补充对月球概貌的认识。

（2）启发学生从不同角度思考准备项目。

【设计意图：指导学生分析、整理信息的方法；启发学生有依据的、从不同角度做探月的准备。引导学生能抓住关键信息、提炼并记录有用信息，形成完整的对月球概貌的认识；在体验探索乐趣的同时，乐于用学到的知识解决探究中遇到的问题。】

（三）延伸拓展，丰富认知

1. 学生学习活动

（1）通过视频了解我国探月计划——嫦娥工程。

（2）在回顾嫦娥四号的精彩瞬间、了解最新进展成果中，感受我国航天科技的迅猛发展。

（3）了解我国在航天其他领域取得的成就。

（4）课下继续探究，为登月做准备。

2. 教师活动指导与支持

（1）梳理"嫦娥工程"的三个步骤。

（2）补充"嫦娥工程"目前的最新进展（嫦娥五号成功发射）。

（3）出示"天问一号""中国北斗""中国天眼"等成就介绍。

【设计意图：关注我国及世界空间技术的最新发展；了解人类的好奇和社会的需求是科学技术发展的动力，技术的发展和应用影响着社会发展。】

教学亮点：把航天时事带到课堂，引导学生关注科学技术的最新发展。借助视频、动画演示拉近探月与学生的距离，激发学生的探究欲望。

（四）评价反思，完善改进

1. 学生学习活动

在课上完成"准备清单"基础上，设计一份科学的"月球探究方案"。

2. 教师活动指导与支持

提示探究方案需要设计的方面。

【设计意图：综合评价学生在本节课中各方面目标的达成效果。激励学生能综合运用所学知识设计科学的、可行性强的探究方案。】

三、评价支持，检测目标

评价用于检测目标达成的效果，可分为过程性评价和总结性评价。评价具有反馈、激励、导向等方面的功能，评价点要具体、可操作，能判断目标达成的效果，以此来反思教学环节的可行性，考虑后期如何根据学生的认知和发展规律来进行教学。

本节课的总结性评价为：在课上完成的"登月准备清单"基础上，设计一份科学的"月球探究方案"，此项评价任务的设计，既能检测本节课学生学习目标的达成，又将目标继续深化，把"准备清单"变为"探究方案"，使碎片化的认识系统化，使思考更具科学性和逻辑性；将除衣食住行之外的科学探究列入其中，与科学学习相联系，是本节课探究的拓展与延伸。

另外还有监测教学过程中各环节分目标达成效果的过程性评价，以便适时调整教学。可参见下表。

评价维度	得星情况记录
能在欣赏月亮的情境中调动已有的生活经验和认知。（★★）	
能对科学探究本身有清晰的认识。（★★）	
能大胆想象，从不同角度思考探月准备，由此提炼出需要了解月球的相关问题。（★★★）	
会合作交流。（★★）	
能大胆想象，运用逻辑推理的方法将月貌系统中各因素相互联系。（★★★）	
能综合运用知识，有根据的提出探月的各项准备。（★★★）	

（续表）

评价维度	得星情况记录
在感受我国航天科技发展中，表现出强烈的自豪感和探究欲望。（★）	
对我国探月计划的顺利推进充满自豪感。（★）	
对继续探究月球及宇宙中的其他天体有浓厚的兴趣和热情。（★）	
能把对月球的认识及当前国家探月计划实施的进程相结合，进行有根据的科学设计。（★★★★）	
总评（得星总数）	
总评：18—22颗星，优秀；13—17颗星，良好；1—12颗星，加油。	

本课的设计，经历了在从教学目标的确立到实施，再到目标达成的反思评价的过程。在这一探索过程中，依据核心概念，把课程目标细化为课时目标，以学生学习活动为主体，教师活动作为对学生学习活动的支持与指导来呈现。教学过程以核心素养为导向，将"登上月球"作为任务驱动，关注每个活动环节的效果达成。阶段目标的实现共同指向总体学习目标，过程性评价与学生学习活动交融在一起，总结性评价为总体学习目标的达成提供依据，真正使"教—学—评"一体教学设计形成闭环，为学生科学核心素养的发展提供支持。

参考文献：

[1] 本书编委会.义务教育小学科学课程标准解读[M].北京：高等教育出版社，2017.

[2] 林静，李伟臣，曹春浩，等.小学科学18个重要概念全景解读 第1册 1-2年级[M].合肥：安徽大学出版社，2018.

[3] 洪俊，刘徽.跨学科统整[M].上海：华东师范大学出版社，2020.

[4] 本书编写组.小学科学课堂学习与课例研究[M].合肥：安徽大学出版社，2017.

[5] 陈连锋，孙磊，刘静.基于WISE平台培养小学高年级学生科学探究能力的探索——以"牛顿小车"项目为例[J].陕西教育（教学版），2019.

大单元视域下小学科学综合评价体系的构建与实施

评价,作为对学生学业成就的一种认知活动,还是一种基于证据的推理过程,根据观测到的学生的所作所为,来推断学生实际的所能、所思和成就。而评价作为一种教育活动,为发挥其教育功能,它需要有一个完整的专业过程,即评价的设计、实施、结果评定、结果分析与解释、结果处理、与学生交流反馈与指导、教育教学决策与改进,在这样完整的过程中才能达成评价的效能。小学科学作为一门综合性基础课程,《义务教育科学课程标准(2022年版)》明确了素养维度的课程目标,包括科学观念、科学思维、探究实践、态度责任四个方面。大单元视域下,基于目标对评价体系中的评价任务进行设计,是"教—学—评"一体化教学设计与实施中的关键一环,单元教学实施过程中,评价任务应贯穿于目标确立、实施、达成、展示的全过程,使"教—学—评"形成闭环;评价体系应涉及课前诊断、课堂教学、作业设计、单元评价等课程实施的各个环节,以发挥评价的导向、诊断和教学改进的功能。

一、单元目标确立阶段,指向了解学情的诊断式评价,使教学策略的实施更适合学生

教学目标是基于课程标准、教材、学情的分析进行确立的,从教师的角度出发对学生情况进行分析具有普遍性,教师主观的经验在其中起着主要作用,由此确定的目标是否符合本班级的学生情况,需要进一步确认。所以,有必要在教学准备阶段采取测试、访谈、观察或其他合适的方式,进行学情诊断评价,依据获取的学情信息,判断学生是否具备实现当前目标所要求的条件,对比分析目标与学生学习的出发点,作为组织教学的重要参考,或者将诊断式评价环节前置,确立目标之前进行,这样确立的目标更有针对性与适切性,围绕目标进行的教学活动设计才能更适合自己的学生,为更好的达成预期目标做好充分的准备。

青岛版科学六年级"太阳家族"诊断式评价样例

1. 用图示表示四季更替的原因。
2. 昼夜交替的原因是（　　）。A.地球自转　　B.地球公转
3. 用你喜欢的方式描述日、地、月三个天体的运行关系。
4. 说说你认识的太阳是怎样的。
5. 你制作过什么模型？

以上评价，既侧重了解学生对太阳家族中太阳、地球、月亮运行关系及由此形成自然现象等科学观念的认识，又关注学生科学思维方面能否用示意图的方式表达，还考查学生探究实践方面对模型制作的认识。基于对学生这几方面的了解和分析，再围绕目标设计教学活动，更加贴近学生实际，充分体现以学生为中心的理念。

二、单元目标实施阶段，指向过程监控的嵌入式评价，利于调整教学做出适切性改进

将目标分解为每个教学环节的阶段性目标，阶段性目标的达成共同指向总目标，四个维度的目标相互交融，贯穿于每一个环节设计中。基于阶段性目标预设评价中期望得到的学生表现，列出与活动任务相匹配的表现特征，嵌入到每个教学环节，对学生进行定性分析的表现性评价，监控阶段性目标达成效果的同时，更加关注学生非认知因素的发展，突出科学学习习惯养成、科学探究能力提升、科学思维发展、科学意识形成等方面。通过评价，诊断学生在学习过程中遇到的问题，及时调整教学，并将有关信息反馈给学生，使学生也做出必要的调节，切实帮助学生建构科学的认知。

青岛版科学六年级上册"登上月球"一课中初始阶段嵌入式评价样例
【活动过程】
创设情境，提出问题
1. 出示月亮图片及有关月亮传说的图片。
学生欣赏月亮图片，介绍由此自己想到的。

2. 播放人类探月历程视频。

学生了解人类探月历程，总结科学探索月球的一般过程。

3. 提出进行探月之旅需要做知识和物品方面的准备。（引导学生认识到首先要了解月球的概貌，然后再做相应准备。）

【阶段活动意图（目标分解）】

1. 了解人类对宇宙的探索的历史。

2. 初步建立"科学—技术—社会"三者关系的认识。

【活动效果评价】

1. 能在欣赏月亮的情境中调动已有的生活经验和认知。

2. 能对科学探究本身有清晰的认识。

3. 能大胆想象，从不同角度思考探月准备，由此提炼出需要了解月球的相关问题。

青岛版科学五年级下册"滑轮"一课教学过程中嵌入式评价样例

【指向目标维度：科学观念】

嵌入式评价项目：

能对滑轮进行仔细观察，并能发现它的结构特点及相应的功能。

【指向目标维度：科学思维、探究实践】

嵌入式评价项目：

思维发展有变化，能逐层深入的思考问题。

对两种滑轮的观察能把握要点。

小组合作，任务明确，合作有序，会利用简单的实验记录表进行数据的采集和整理。

会整理、分析、解读数据，得出科学的结论，能完整表达。

在探究中能提出新的思考或疑问。

【指向目标维度：态度责任】

嵌入式评价项目：

表现出对事物的结构、功能等进行探究的兴趣。

想观察、会观察，能用完整的语言描述观察到的事物的特征。

能基于证据反思和调整探究活动。

能运用所学知识解释生活中的问题及现象，并有兴趣继续探究。

能了解科学、技术、社会与环境之间的相互影响。

三、单元目标达成阶段，指向效果分析的反馈式评价，鉴定目标达成度确保实施质量

教学过程的实施是否有效达成了预期的目标，需要根据各个维度的目标设计评价任务，以分析效果、反馈教学实施质量，为后续教学改进提供事实依据。高质量的评价任务需要融入有意义的真实情境，能展示目标所期望的行为表现，经历复杂的思维过程来完成，关注学生综合运用科学知识解决生活问题、解释生活现象能力的提升，科学探究方法的掌握，科学态度和科技意识的发展。

在项目式学习背景下，驱动性学习任务可以起到评价任务的作用，但需要根据驱动性学习任务为学生探究过程中的表现或最终展示的作品，编制用于评价的量表，详细规定各项评价指标或等级描述，在表现性评价或整体性评价中，达成分析、反馈、改进的目的。

青岛版科学一年级"小挂钩"反馈式评价样例

【评价项目：承重能力】

A级：能挂住水杯；B级：能挂住铅笔盒；C级：能挂住毛巾

【评价项目：创意性】

A级：有多个钩子可同时挂住多个物品；B级：有两个钩子可同时挂住两件物品；C级：形状有创意

【评价项目：美观性】

A级：钩子图案颜色丰富；B级：钩子图案颜色单一；C级：钩子简单无图案

【评价项目：作品简介】

A级：作品简介与设计图形状完全相同；B级：作品简介与设计图

形状基本相同；C级：作品简介与设计图形状完全不同

【评价项目：选材】

A级：选取生活中材料设计制作；B级：半成品制作；C级：网购零件组装

在课堂教学环节中指向效果分析的反馈式评价，还可以以纸笔测试形式呈现，围绕目标进行评测题目设计，共同指向核心素养的四个维度，综合分析评测结果，反馈学习效果。

青岛版科学二年级上册"塑料"一课
"探究实践"维度评测题目样例

【学业要求】

能利用感官和观察工具进行观察并描述，能口述或利用简单图形表达想法。

【探究主题与目标】

观察、认识塑料的特点（能用观察、比较等方法认识）。

【探究过程与方法】

①用手分别掂一掂大小差不多的塑料杯和玻璃杯，感受哪个更轻；

②分别用塑料袋和布袋装水，提起来，观察透水情况；

③向矿泉水瓶内倒入适量热水，在水槽上方操作，观察瓶子的变化。

【探究发现与结论】

塑料具有轻便、不透水、受热易变形的特点。

【评价样例】

①向矿泉水瓶内倒入适量热水，我们发现（B）。

A.瓶子没有变化   B.瓶子变形了   C.瓶子鼓起来了

②分别用塑料袋和布袋装水，提起来，是在研究塑料（C）的特点。

A.轻便   B.易变性   C.不透水

③用观察的方法找出塑料与其他材料的相同点和不同点，就是在（A）。

A.比较   B.猜测   C.提出问题

四、单元总结阶段，指向综合检测的总结性评价，鉴定学生达到的核心素养水平

总结性评价是对单元主题学习结果的评价，用来判断单元整体目标的达成情况。因阶段目标由不同取向的学习目标组成，不同取向的学习目标需要不同的评价任务和评价方式，所以总结性评价任务一般由多个评价任务组成，有的需要在阶段结束时执行，有的需要在阶段时期内多次执行。从学科特点出发，小学科学采用的评价方式是多样的，包括纸笔测试、实验操作、作品展示、调查报告、中长期研究、观察记录、媒体成果等。一个完整的总结性评价任务方案应包含：学习目标、具体评价任务、评价量规、评价实施、记录工具。综合各个方面的评价记录，对此阶段时期内学生达到的核心素养水平进行鉴定，并进行后续的改进计划，作为新的学习阶段的学习基础和教学实施依据。

青岛版科学四年级上册"技术与生活"单元评价样例

【评价任务】与小组成员合作完成一份技术产品调查报告。

【评价目标】利用调查报告的形式，呈现对技术产品的认识与了解，意识到技术产品使我们的生活更加便利、快捷、舒适。

【评价任务描述】小组成员讨论确定调查计划与分工，各自完成调查任务，汇总形成一份完整的技术产品调查报告；调查报告能呈现对身边技术产品的认识与了解及通过调查形成的总结汇报，加深对技术与生活关系的认识。

【评价量规】

评价维度：调查方法选用

A级：采用3种及以上调查方法；B级：采用2种调查方法；C级：用上网查资料1种方法

评价维度：技术产品数量

A级：调查了8—10种技术产品；B级：调查了5—7种技术产品；C级：调查了1—4种技术产品

评价维度：产品涉及领域

A级：涉及3个以上领域；B级：涉及2—3个领域；C级：只涉及1个领域

评价维度：产品技术与原理

A级：每种技术产品都有详细的技术与原理介绍；B级：每种技术产品都有简单的技术与原理介绍；C级：只列出了技术产品的名称

评价维度：形成调查总结

A级：意识到科学技术的发展推动社会进步；B级：意识到技术产品可以改变人们的生活方式和思维方式；C级：体会到技术产品使人们的生活更加便利

评价维度：调查报告规范性

A级：能体现各个项目，内容丰富，成员合作完成；B级：项目较全，内容较简单，能体现小组合作；C级：只是资料搜集，没有形成调查报告

评价和教学是单元课程实施过程中相辅相成的两个方面，评价既检测教学效果的达成，又与教学相互交融，成为教学的组成部分，保证和促进学生的发展与成长。同时，我们也要做好区分，如果评价没有发挥其诊断、监控、反馈、鉴定的作用，那么它就只是一种学习任务或者是作业监测，只能起到关注学习过程、巩固拓展提高的作用。大单元视域下素养导向的综合评价体系是对学生进行学习评价的工具，评价任务必须以学科课程标准为依据，基于目标进行设计、实施、分析、处理、反思、改进，做到评价内容多维度、评价主体多元化、评价方式多样性，才能真正发挥评价的效度，确保课程实施的质量，促进学生核心素养的提升与发展。

指向核心素养的小学科学教学与创客教育融合探索

创客教育，在科学技术飞速发展的今天，正成为推动我们这个时代经济可持续前行的中坚力量。习近平总书记在科学家座谈会上指出，好奇心是人的天性，对科学兴趣的引导和培养要从娃娃抓起，使他们更多

了解科学知识，掌握科学方法，形成一大批具备科学家潜质的青少年群体。创客教育作为新课程改革背景下的一种新的教学模式，将素质教育和创新教育与尖端技术相结合，并着重于培养学生的科学态度、科学方法和科学知识。这与 2017 版《小学科学课程标准》的要求非常贴近，在小学教育中有意识的渗透、融合创客教育，是教育发展的必然趋势，而科学、信息技术等学科无疑是承载这种教育最有效的载体之一。这就要求我们不断探索，在教学内容、教学方法、探究实践等环节将创客教育与学科教学有机融合，激发学生的科学探究兴趣，培养学生的合作意识、创新精神和实践能力，共同指向科学学科四大核心素养（科学探究与交流、科学观念与应用、科学态度与责任、科学思维与创新）的提升，为培养小"创客"打下良好的基础。

一、小学科学课堂中创客教育的深入开展

创客空间的不断发展与变化推动着创客运动从 DIY 演变成 DIT（Do it together），这一变化过程充分体现出作为城市创新场域的创客空间对于"大众创新"的促进作用。目前提出的创客教育和注重工程与技术的 STEM 都强调为学生营造一个开放的情境，在情境任务中让学生开动脑筋进行创造性实践活动。作为小学科学教师，在深入钻研教材的过程中，可以充分发掘教材中的各种有利因素，采用问题探究教学模式，鼓励学生敢提问、会提问，为学生创造和谐轻松的环境，在课堂上基于问题去开展更多创造性的探究、制作活动，培养学生的创新思维和创造能力。如青岛版科学六年级"通电线圈"一课中，学生在应用电磁铁的生活情境中，提出这是什么、有什么作用等问题，带着问题开始对电磁铁的探究，在探究中认识电磁铁，发现影响电磁铁磁性强弱的因素，在此基础上利用电磁铁的特性设计制作"小小起重机"，在拓展与应用的实践活动中，发展创造性和实践性能力。

二、创客教育在小学科学课堂教学中的灵活运用

在小学科学教学中，随着创客教育和信息技术的不断应用与深化，教师采用的教学模式和方法可以从学生的个性差异和学习需求入手，使

教学活动过程更加智能，提高其适配性。小学科学教师应打开思路，在更广阔的空间内通过多种渠道收集、选择适合的教学资源，然后进行处理和组织，以开发出最有利于激发学生好奇心及探究兴趣并满足动手操作、探究实践需求的方法。创客教育是在不断发现问题、解决问题的过程中运用现有知识并整合资源，真正实现应用概念、实践创造的学习目的。为学生提供利用所学的科学知识解决生活中问题的机会，小学生的异想天开被付诸实践，学生会发现科学与生活并不遥远。如在青岛版教材四年级上册"刹车的学问"一课中，从创设情境、提出问题入手，"手推车装载重物走下坡路可能会遇到什么问题""如何解决"引发思考，以任务驱动引导学生由自行车联想到在手推车上安装刹车，开始对刹车系统的探究。学生在"画一画→组装→试一试"的过程中，认识刹车系统的组成部分及工作原理，对"材料的性能决定其用途"及"结构与功能的相适应性"形成初步认识，并进一步对"如何为手推车选择合适的刹车装置"进行深入思考，综合考虑不同种类刹车系统的特点、价格及手推车的工作环境等因素，确定为手推车安装鼓刹。在此探究过程中，学生经历了一次简单的发明创造，认识了"移植发明法"，体验成功的快乐的同时，感受到发明创造并没有那么难，只要善于发现、积极思考、勇于实践，就能让发明创造更好地服务于我们的生产生活。真正实现了应用概念、实践创造、解决问题的学习目标。将对自行车刹车系统的认识迁移到汽车刹车系统及其他交通工具或机械设备中，使学生更加深刻的意识到人类的需求是影响科学技术发展的关键因素，技术的发展和应用影响着社会的进步与发展，用联系的思想来思考科学、技术与社会的密切关系，以此实现学生思维深度与广度的提升与发展。

三、科学教材课内外创客内容的开发和利用

在青岛版科学教材1—6年级共12册的内容中，有些可以直接作为创客内容开展教学，如二年级"组装小书架""制作滚珠装置""制作磁悬浮笔架"，四年级"制作简易护眼镜"，五年级"造一张纸"等。还有一些教材中的课后拓展活动也可以作为创客教育内容，如三年级的"制作空

气炮""制作浮沉子",五年级"做个小小起重机"等。另外,还可以将教材中的学习内容延伸,与创客教育内容相联系,提升学生对知识领域的系统认识,如在青岛版教材四年级"灯泡亮了"一课中,学生通过用导线连接电源、开关、灯泡,让灯泡亮起来,认识一个完整电路的组成部分,进一步尝试让两个灯泡亮起来,对串联电路和并联电路形成初步认识,在此认知基础上,引入人工智能的三种基础逻辑关系"与或非",在体验开门游戏的过程中,引导学生发现开门的规律与串并联电路中两个开关断开、闭合状态规律的关系,归纳总结特点,由此认识"与门"和"或门",逐层推进,继续探究"非门",认识三种最基础的逻辑关系之后,可以将"或非门""与非门"作为课下继续探究的内容,在推测、验证中加深认识、灵活运用。这样的探究过程,不仅是知识领域的拓展延伸,更是引导学生进行深入学习、深度思考的过程。充分利用好科学教材中的创客内容,把创客教育与小学科学教学有机融合,不仅可以作为创客教育开展的重要途径,为创客教育的开展提供丰富的研究内容,还满足了小学科学课程的教学需求,同时也符合新课程标准的概念和要求。

四、小学科学与创客教育有机融合学习模式的构建

(一)项目式学习

采用项目式学习,将存在联系的知识进行整合,设计驱动性任务,在解决各个基本问题的基础上,完成任务项目,达成最终的学习目标,以驱动性项目完成的情况作为学习效果评价,真正实现学教评一体,形成闭环。也可以以单元为主题,创设大情景、大任务,大任务之下划分若干小的驱动性项目。这样学生可选取项目,自行开展一段时间的学习,再选择合适的方式呈现学习成果,与同学分享。例如,可将"机械"单元作为一个大的学习项目,鼓励学生探究自己感兴趣的问题,包括机械的种类、作用、应用等。创客模式下,不必局限于课时、单元、课内,在情境的创设中,激发学生的探究兴趣,关注学生科学观念的形成、科学思维的发展、探究方法的应用、科学意识与精神的培养,最终指向学生科学素养的提升。

青岛版科学六年级下册"探索宇宙"单元驱动任务及评价设计样例

目标	评价任务	评价标准
1.通过对信息的课前搜集及课上整理、分析、概括,加深对太阳系的认识,知道在太阳系中,地球、月球和其他星球有规律地运动着。 2.由地球到太阳系,再到神秘的银河系、浩瀚的宇宙,从原来认识身边事物、周围事物的基础上,扩展到宏观世界,形成对宇宙空间的宏观认识。 3.从利用望远镜观察到实地勘察,通过了解中国及其他国家探究宇宙的历程,意识到科学研究是漫长而曲折的;在对空间技术最新进展的了解中,感受科学技术发展对人类社会的深远影响,并为我国航天科技的迅猛发展感到自豪,同时坚定继续探索宇宙的信心和决心。 4.综合运用对宇宙的认识,充分论证能否在地球以外的星球建立新的家园,设计我们的"未来家园",意识到地球才是我们人类的唯一家园,应该尽最大的努力去保护它。	1.回顾昼夜交替、四季更替等现象的形成原因,整理搜集的信息,对太阳系形成整体认知;解释"人类选择探索火星"的原因;制作太阳系模型。 2.绘制地球、太阳系、银河系、河外星系及宇宙的关系图。 3.通过搜集资料,续写"中国航天大事记"。 4.设计"未来家园"。	1.能在寻找"人类选择探索火星"原因的任务驱动下,通过回顾、解释昼夜交替、四季更替等现象的形成原因,在搜集、整理信息的基础上,展开对太阳系的组成及各天体运行规律的探索,并能基于认识、分析、概括、推理得出结论,采用不同的方式制作太阳系模型。 2.能由太阳系联想到更大的宇宙空间,积极开展探索,在对银河系、宇宙的空间概念有所认识后,能利用图示表示它们之间的关系;并能意识到宇宙空间的无限性,人类目前能探知到的仅是宇宙空间的极小部分。 3.能以时间轴为线索,认识人类探索宇宙漫长而曲折的历程;从空间维度思考,意识到科学技术的发展使人类探索宇宙的空间不断扩大;能从结构思维方面,在认识事物外部特征的基础上,进一步探究事物的构造;能在搜集整理信息中,了解空间技术的最新进展,续写"中国航天大事记"。 4.能综合所学,思考适合人类居住的星球需要具备的条件;能有根据的论证可否在其他星球建立人类家园;能发挥想象力设计"未来家园"。

（二）小组合作学习

将学生分为若干固定的合作探究小组，每个小组4—6人为宜。选取一名科学学习兴趣浓厚，或组织协调能力强、知识丰富的学生作为组长，小组成员按序编号，做好分工，轮流进行观察、操作、记录，合作完成探究项目。以小组为单位进行项目成果展示，展示的过程中，对研究成果的科学性、研究过程的严谨性、表达与交流的完整性、评价与反思的针对性和深入程度进行指导和评价，肯定成果、指出问题，在交流反思中，既能激发学生深入思考、反观整个探究过程，又有助于小组之间实现取长补短，综合提升学生的团队意识和探究能力。

（三）远程学习

创客模式下，小学科学教学不必局限于课堂和校园。将教学活动设计以微视频的形式发布，视频中涉及实验操作过程演示，辅以文字性的活动过程设计，在问题驱动下引导学生思考和探索。在远程学习模式下，有效的问题引导可发挥创客模式的价值，学生不受时间和空间的限制，在材料选择和探究方法的采用方面更具开放性，更有利于将探究与生活相联系。

（四）家庭实验室

学生把实验带回家，每个家庭或者几个邻近的家庭成立一个家庭实验室，在家里进行各种家庭小实验，既辅助了科学教学，也培养了学生科学学习兴趣。通过家庭实验视频或图片的展示，鼓励学生积极参与课外的实验探究，一个个家庭实验室的建立，不仅是探究场所的转移，更是为学生打开了探究求知的大门，成为学生进行科学探究的"梦工厂"，锻炼学生的实践能力和创新能力，利于学生科学精神和科学意识的培养，为孩子用科学的方法解决生活中的问题创造了机会和可能，为创客教育的顺利开展奠定基础。

创客教育，基于学生兴趣，将信息技术融入其中，注重学生合作意识、创新精神、解决问题能力的培养，与小学科学培养学生科学素养的宗旨相一致。将小学科学教学与创客教育有机融合，利用好小学科学课堂这块主阵地，充分发挥创客教育开放性、灵活性的优势，拓展小学科学教育的内容与探究空间，关注学生科学思维、科学方法、科技意识、创新精神、实践能力的培养，促进学生的全面发展，提高学生的科学素养，最终指向学生核心素养的提升，着力培养具有科学家潜质的青少年科技人才。

专题六　核心素养导向的小学科学学业质量评测

小学科学六年级上册学期学业质量评测

亲爱的同学们，一学期的科学学习，我们感受科学魅力的同时，学会了用科学观念解释事物，用科学思维方式认识事物，用科学的态度探究实践，在探究实践中形成能力，带着社会责任珍爱生命、热爱自然，践行科学理念。下面我们一起来展示自己的学习成果！

一、我来选择（答案中只有一项是正确的，请将正确答案前的字母写在括号里）

1. 目前疫情形势依然严峻，从"德尔塔"到"奥密克戎"，新冠肺炎病毒（B）的特点，给防疫工作带来困难。

A. 寄生　　B. 不断变异　　C. 结构简单　　D. 个体微小

分析：目前正处疫情期间，此题目考查学生对身边热点事件的关注，虽然病毒的变异性没有在教材中呈现，但这也是病毒的一个重要特征，是目前疫情反复的重要原因之一，如果学生在生活中能稍加关注就能知道"德尔塔""奥密克戎"，反映的是病毒在不断变异，回答此题没有难度，如果没有关注，此题目就不容易回答，引导学生关注疫情里的科学。

2. 在制醋过程中，发挥作用的曲霉、酵母菌，都属于（C）。

A. 细菌　　B. 病毒　　C. 真菌　　D. 食用菌

分析：以上四个概念需要有清晰的区分，曲霉、酵母菌、食用菌等都属于真菌，制醋过程中发挥重要作用的醋酸菌属于细菌，真菌与细菌容易混淆，以此题目考查学生能否区分，属于易错点，存在一定难度。

3.下面几种变化，（B）既没有产生新物质，又是可逆变化。

  A.蜡烛燃烧　　　　　　B.水的三态变化

  C.鸡蛋放入白醋中　　　D.泥土被烧制成砖块

分析：以上四个选项都是教材中呈现的，容易忽视的是"水的三态变化"这个实例，这里把两类不同的变化综合在一起，既考查学生对两类变化的理解，也考查对"水的三态变化只是水的状态发生了变化，是循环可逆的，没有产生新物质"的认识，还考查对其他三种实例变化的认识，属综合性题目，考查学生的综合分析能力。

4.垃圾分类中的可回收垃圾，是利用物质的（C），回收再利用。

  A.产生新物质的变化　　B.不可逆变化

  C.可逆变化　　　　　　D.以上都不是

分析：垃圾分类被称为"新时尚"，与学习内容相联系，正是利用了物质的可逆变化，才能实现回收再利用，节约资源，有着非常重要的现实意义。此题目既是对知识的应用，也是对学生"垃圾分类、保护环境、节约资源"意识的引导，只要能理解可逆变化，并仔细分析，难度不大。

5.我们看到太阳每天东升西落，是以（B）为参照物。

  A.月球　　　　B.地球　　　　C.太阳　　　　D.其他星体

分析：太阳在宇宙中是不动的，可我们每天却看到太阳东升西落，这是为什么，正是因为我们处在围绕太阳自西向东公转的地球上，以地球为参照物，才看到太阳东升西落的现象，这一点学生理解起来有一定的困难，可以以乘车时看到车窗外的景物往后移动为例，帮助学生理解。此题目既是对知识的应用，又与太阳、地球相对运动相联系，属综合性题目，有一定困难。

6.不同的交通工具运动快慢不同，随着科学技术的发展，目前磁悬浮列车是地面上运动较快的交通工具，物体运动的快慢通常是用（C）来描述的。

  A.时间长短　　B.距离远近　　C.速度大小　　D.运动方式

分析：此题目主要考查学生对"通常用速度大小描述物体运动的快慢"这个学习内容的掌握，情境的创设，主要呈现地面交通技术的发展现状，使学生有所了解。

7. 地球同步卫星，以地球为参照物，同步卫星是（B）状态。

　　A. 运动　　　　　　　　B. 静止

　　C. 由运动到静止　　　　D. 无法判断

分析：地球同步卫星是科技发展的实例，学生在视频画面中看到的同步卫星是和地球一起转动的，那么以地球为参照物，同步卫星是什么状态，既考查学生对"用某个物体相对于另一个物体的方向和距离来描述该物体在某个时刻的位置"的应用，也引导学生关注科技发展。

8. 发射卫星时要顺着地球自转的方向发射运载火箭，原因是（C）。

　　A. 方便发射

　　B. 借助地势，确定发射方向

　　C. 借助地球自转的方向，利用惯性，提高速度

　　D. 没有具体原因，习惯性做法

分析：此题目既考查能否用"惯性"来解释这种做法，又是利用惯性的实例，对学生来说有一定难度。

9. 动物的运动方式与它们的（A）有着密切的关系。

　　A. 生活环境　　　　　　B. 天敌

　　C. 身体结构　　　　　　D. 生活习性

分析：教材中呈现的是不同活动领域的动物具有不同的运动方式，这样的认识，进一步分析、概括就能发现动物运动方式具有与其生活环境相适应的特点，主要考查学生对事物进行分析、概括，进而建构模型的能力。

10. 地球自转一周的时间为（C），由此形成了昼夜交替。

　　A. 一年　　B. 一个季节　　C. 24小时　　D. 一个月

分析：此题目来源于教材内容，是昼夜交替形成原因与地球自转周期的综合，比较简单。

11. 如图所示的月相，出现的时间应该是在（D）。

　　A. 农历的初一　　　B. 农历的初七
　　C. 农历的十五　　　D. 农历的二十三
　　分析：此题目主要考查能否用月相形成的原因及月相规律来判断不同的月相出现在农历的什么时间，此部分内容相对较难。

12. 在元宵节我们可能看到的天文景观是（B）。
　　A. 半圆的月亮　B. 月食现象　C. 日食现象　D. 一个弯弯的月牙
　　分析：此题目综合考察元宵节的时间、月食形成原因以及由此形成的月食出现的时间，对学生来说难度不大。

13. 鸡为昼行性动物，根据鸡的习性，秋天光线逐渐暗淡时，为提高鸡的产蛋量，可以（B）。
　　A. 把鸡舍的灯关掉　　　B. 打开鸡舍的灯，制造人工白昼
　　C. 增加喂食次数　　　　D. 播放音乐
　　分析：既考查对昼行性动物的认识，又涉及对知识的应用及利用知识解决问题的能力，认真分析，难度不大。

14. 神舟十三号飞行乘组航天员翟志刚、王亚平、叶光富为我们进行太空授课时，部分同学在地球上也同步进行了相同的实验，同样的实验，在空间站和地球上出现了不同的实验现象，这和我们本学期的（A）实验采用了同样的探究方法。
　　A. 研究馒头发霉的原因　　B. 观察蜡烛的变化
　　C. 研究四季更替的原因　　D. 研究昼夜交替的原因
　　分析：神舟十三号三位宇航员天宫授课既是我国航天大事件，又是我国航天科技发展的实例，学生基本都观看过授课直播，也了解地面同步实验，将地球与太空同步实验放在一起，使学生的思维扩展，延伸至宇宙空间，并与本学期的几个实验相联系，既是对探究方法的考查，又引导学生感受宇宙不同空间内科学的神奇。

15. 探索月球的历程中，人类观察月球的工具和技术发生了变化，按

照观测月球方法进展的顺序排列正确的是（B）。

①探月飞行器观察月球　②用望远镜观察月球　③载人登月观察月球　④肉眼直接观察月球　⑤射电雷达观察月球

A.④⑤①②③　B.④②⑤①③　C.①②③④⑤　D.⑤①②③④

分析：感受探月历程的同时，认识到科技的进步，使人类探索的空间不断扩大，在②和⑤之间，部分学生可能会混淆，如果采用排除法，做题正确率应该比较高。

16.宇航员在月球上的感受正确的是（B）。

A.这里是无声的世界，只有陨石的撞击声打破了月球的寂静

B.穿着宇航服，手拿探测器在月面举步维艰

C.闲暇时宇航员可以放放风筝轻松一下

D.暴风骤雨来临时，要在帐篷下躲避

分析：考查学生对月球概况的认识，能否做出正确评价，比较简单。

17.在长方形纸盒的盒底，左边放干土，右边放湿土，干土与湿土间隔一段距离，在盒中间没有土的地方放5条蚯蚓，这个实验设计中，改变的条件是（C）。

A.蚯蚓的数量　　B.明暗环境　　C.干湿环境　　D.无法判断

分析：此题目来源于教材探究活动，考查学生对控制变量探究方法的掌握，仔细分析，会比较简单。

18.解放军反恐部队到白雪皑皑的深山中执行任务，穿的棉衣外面加白色斗篷，是受动物（A）的启示。

A.保护色　　　B.警戒色　　　C.拟态　　　D.以上都是

分析：此题目来源于教材的一幅插图，考查对动物这几种适应环境保护自己的方法的掌握，同时意识到大自然是人类发明创造的源泉，人类从动物的自我保护中受到了很多启发，题目比较简单。

19.生活中，我们看到窗台上植物的叶子或花会朝向窗外，这是因为植物有（D）。

A.向水性　　　B.向地性　　　C.向肥性　　　D.向光性

分析：考查学生用学到的知识解释生活中的现象，比较简单。

20. 下面这几条食物链中正确的是（B）。

　　A. 黄鼠狼→鸡→虫子　　　　B. 油菜花→蜜蜂→蜘蛛

　　C. 棉花→七星瓢虫→蚜虫　　D. 田鼠→蛇→鹰

　　分析：综合考查食物链中吃与被吃的关系、箭头表示能量的流动的方向，以及食物链一般从绿色植物开始，选项 D 容易影响判断，此题目相对较难。

21. 华南虎是我国特有的一个虎种，曾在我国大部分地区有分布，现在华南虎现已濒临灭绝。造成华南虎数量减少的主要原因是（A）。

　　A. 人类对森林滥砍滥伐造成的　　B. 华南虎抗病能力差

　　C. 华南虎食物缺乏　　　　　　　D. 华南虎的天敌过多

　　分析：以实际的实例，考查学生对造成珍稀动植物濒临灭绝原因的认识，题目比较简单。

22. 直升机的发明创造是受（B）的启示。

　　A. 蝙蝠　　　B. 蜻蜓　　　C. 鹰　　　D. 青蛙

　　分析：考查学生对仿生过程的认识，能否知道科学家利用蜻蜓的身体结构研制成功了直升机，题目比较简单。

23. 下面是小明做"铁生锈"实验时做的观察记录，从记录中我们可以看出铁生锈的必要条件是（D）。

序号	环境	生锈情况
1	试管内放干燥剂	无铁锈
2	试管内放少量水，浸没铁钉一部分	铁钉紧密接触水面的地方有铁锈
3	试管内放满水，将铁定完全浸没	无铁锈
4	试管内放少量水，加少量食盐，浸没铁钉一部分	铁钉接触水面的地方有铁锈，生锈速度比2号快

　　A. 潮湿的环境　　B. 有空气的环境　　C. 有盐　　D. 潮湿的空气

　　分析：考查学生对"铁生锈"探究实验的掌握情况，干扰项为序号4，能否分析出题目中"必要条件"的含义，"盐"能使生锈程度更深、速度加快，但不是必要条件，需要对题目认真分析，对实验现象仔细比较，考查学生的分析、推理能力，题目稍难，容易出错。

二、我来判断（对的打√，错的打×）

24. 新冠病毒可以在物体表面存活一段时间，说明病毒不用寄生在其他生物细胞里，也能生长、繁殖。（ × ）

分析：从身边的疫情取材，考查学生对病毒寄生性的认识，存活与生长、繁殖有本质的区别，同时引导学生注意消杀、做好个人防护。

25. 细菌会导致人生病，对人类只有危害，没有益处。（ × ）

分析：考查学生对事物两面性的认识，辩证的对事物做出正确的评价是一种科学思维与态度。

26. 味道鲜美的蘑菇，是一种喜欢阴暗、潮湿环境的植物。（ × ）

分析：主要考查对"真菌是既不属于动物也不属于植物的一类生物"的认识，同时考查认真的态度及审题的能力，能否找到本题目的关键词。

27. 只要把食物放在冰箱冷冻保存，就不会变质。（ × ）

分析：此题目为教材内容的延伸，是健康生活方式的引导，改变"只要把食物冷冻保存就不会变质"的错误认识，一旦超过期限，微生物适应了低温环境，就会从休眠中"醒来"，导致食物变质。

28. 牛奶做成胶水或酸奶，都产生了新物质。（ √ ）

分析：此题为"牛奶的变化"与"几类物质变化"的融合，既考查对知识的应用，用学过的知识解释事物现象，又能意识到我们周围的世界与物质的变化息息相关。

29. 把铁、铬和碳放在一起烧制成不锈钢，防止铁生锈，是利用铬能防止生锈的特性。（ √ ）

分析：选取教材之外的防止铁生锈的最普遍实用的方法——制成不锈钢，考查学生对生活中的科学的关注，意识到既可以采用控制铁生锈必要条件的方法来防止铁生锈，也可以利用其他物质防生锈的特性防止铁生锈，从不同的角度采用不同的方法解决问题。

30. 自行车向前行驶，车轮只有转动这一种运动方式。（ × ）

分析：考查学生运用模型分析、解释车轮转动现象的运动方式。

31. 一年四季的温度差异较大，是因为地球在公转过程中离太阳的远近不同形成的。（ × ）

分析：这是学生课前的已有错误认知，经过课上探究是否形成正确的认识，通过此题考查。

32. 在中国，一年中白天时间最长的是夏至日。（√）

分析：教材内容的拓展，也是生活中的科学常识，引导学生关注生活中的科学。

33. 2020年12月17日，探月工程嫦娥五号返回器顺利回归，月球采壤任务圆满完成。（√）

分析：嫦娥五号月壤采集任务圆满完成，标志着我国探月工程"绕、落、回"三步目标已基本完成，但这并不是我国探测月球的终点，而是新的起点，目前嫦娥工程第四期即将开启。引导学生关注最新探月进展，关注科技发展。

34. 草原生态系统中，狼喜欢猎食小动物，可以对狼进行捕杀，以保护小动物。（×）

分析：情境创设，考查学生对生态系统平衡的认识，综合考虑、分析生物之间的食物关系，评价这种做法的正确性。

35. 野生动物保护法规定，捕杀珍稀动物的人要受到法律制裁。（√）

分析：考查保护动物野生动物的意识、法制意识，此题目比较简单。

三、我用图来表示

36. 请用画图的方式来表示四季更替的原因。

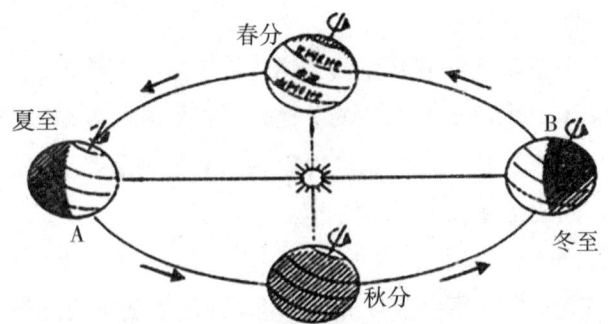

分析：用示意图表示，是对概念理解的深化、抽象与再次概括，几个考查点完全涵盖了对四季更替形成原因的解释，包括地球自西向东公

转、地轴倾斜、倾斜方向不变、四个节气的相应位置，全面考查学生对"地球每年自西向东围绕太阳公转，形成四季等有规律的自然现象"这一学习内容的理解，能用示意图完整表达，有一定难度。

37. 葱叶和鸡蛋都属于拱形结构，经过研究，我们发现拱形结构能承受很大的力量，把受到的压力均匀的分散开，如果在拱形结构的上面施加压力，请用图示来表示拱形结构的受力情况。

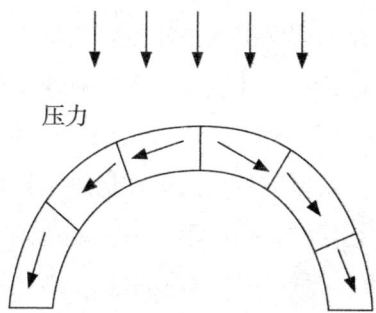

分析：既考查对拱形结构的认识，也考查对拱形结构受力情况的认识，包括施加压力的方向，能否完整用图示表达，稍有难度。

四、我来分析

（一）材料一：2022年4月4日凌晨，四川宜宾江安长江巡护队巡护过程中，在滨江路淯江河与长江的汇合口处，救助了一尾国家一级保护动物——长江鲟，这是江安县首次救助长江鲟成年个体。经过宜宾江安长江巡护队成员对长江鲟进行PIT扫描，确定这尾长江鲟是之前人工增殖放流的长江鲟成年个体，而且是植入芯片的长江鲟。获救长江鲟通过PIT数据对比以后，就可以得出这条长江鲟的洄游路线，摄食习惯，体重增减等相关的数据，便于科考单位更好地掌握长江鲟的生存状态以及江安段长江鲟的保有量。自从2019年底，江安长江段禁渔禁捕后，江安县在禁渔工作中采取专管与群管相结合的路线，借助长江巡护队现有协助巡护机制，共同维护长江上游珍稀特有鱼类资源，积极践行"不搞大开发、共抓大保护"的长江大保护理念。

（资料来源于网络）

38. 我国是世界上动植物种类最多的国家之一，珍稀动植物为什么会濒临灭绝呢？

答：开山造田，草原过度放牧，大气、河流污染，乱砍滥伐森林，工业发展的影响，动物的栖息地被破坏，滥捕乱杀动物等，造成不少动植物种类濒临灭绝。

39. 分析资料，结合自己的认识，说一说如何保护珍稀动植物。

答：国家制定野生动物保护法；建立自然保护区；合理采伐；设立禁渔期；植树造林；保护自然环境和资源；对濒临灭绝的动植物进行人工培育养殖；利用先进的科学技术更好的保护动植物。

分析：素材选择，既呈现目前人们在保护珍稀动植物方面做出的努力，也体现科学技术在保护珍稀动植物方面发挥的重要作用，意识到科学技术的发展能帮助人类更好的解决问题，要学会发挥技术有利的方面，充分体会科学、技术、社会与环境的关系。这两个题目要回答全面有点困难。

（二）材料二：天津博物馆，是我国北方唯一的仿生薄壳式建筑，该馆总建筑面积为3.14万平方米，可容纳12 000人。该博物馆结构设计的基础，源于天鹅骨架结构，借助其结构的合理性和可实施性，实现了用最少的材料，建造最大的使用空间的设计理念。

（资料来源于教学参考资料）

40. 人们受生物启发进行发明创造，让仿生技术更好地服务于我们的生产生活，请你结合材料中的实例来描述仿生的完整过程。

答：发现天鹅骨架的性能，借助天鹅骨架结构的合理性和可实施性建立模型，进行多次模型检测，检测成功后，开发并建造出建筑产品——天津博物馆。

分析：选取身边仿生的实例，让学生感受仿生技术正在我们的生产生活中发挥作用。考查学生对仿生过程的认识，结合实例进行描述，是对仿生过程的真正理解和掌握，为学生能发现生物特性，进行仿生创意与设计奠定基础。在结合实例进行描述方面有一定难度。

小学科学素养立意六年级上册学业质量检测题目设计双向细目表

学科核心素养及内容		认知水平						满分	难易度预估
素养维度	具体内容	识记	理解	应用	分析	评价	创造		
科学观念	1.物质科学 2.生命科学 3.地球与宇宙科学 4.技术与工程	第2、10、26、32、36题	第3、4、6、7、8、11、12、16、19、20、24、26、28、31、36题	第4、8、12、16、19、24、27、28题	第3、6、7、8、9、11、12、16、19、20、21、24、25、31题	第20、21、25、27题		48分	0.8—0.9
科学思维	5.模型建构 6.推理论证 7.质疑创新		第5、13、30、34题	第13、40题	第1、5、13、15、29、30、34、38、40题	第34、38题	第29题	26分	0.7—0.8
探究实践	8.科学探究（问题、证据、解释、交流） 9.技术工程实践 10.自主学习		第14、17、18、37、40题	第18、37题	第14、17、22、23、37题	第14题	第18、22题	16分	0.7—0.8

（续表）

学科核心素养及内容		认知水平						满分	难易度预估
素养维度	具体内容	识记	理解	应用	分析	评价	创造		
态度责任	11.科学态度（好奇心、实事求是、追求创新、合作分享） 12.社会责任（科学伦理、STSE）	第35题	第39题	第35、39题	第33、35、39题	第33、35、39题	第39题	10分	0.5—0.6

小学科学六年级上册学业质量检测题目设计自评表

题目序号	素养维度	题型	题目	分值	认知水平	命题素材	试题分析		
							教材内容	课标要求	难易度分析
1	科学思维	选择	目前疫情形势依然严峻，从"德尔塔"到"奥密克戎"，新冠肺炎病毒（　　）的特点，给防疫工作带来困难。 A.寄生 B.不断变异 C.结构简单 D.个体微小	2	分析	病毒特点		7.5地球上多种多样的微生物与我们的生活密切相关。	简单

（续表）

题目序号	素养维度	题型	题目	分值	认知水平	命题素材	试题分析 教材内容	试题分析 课标要求	难易度分析
2	科学观念	选择	在制醋过程中，发挥作用的曲霉、酵母菌，都属于（　）。 A. 细菌　B. 病毒 C. 真菌　D. 食用菌	2	识记	生活	真菌	7.5 地球上多种多样的微生物与我们的生活密切相关。	简单
3	科学观念	选择	下面几种变化，（　）既没有产生新物质，又是可逆变化。 A. 蜡烛燃烧 B. 水的三态变化 C. 鸡蛋放入白醋中 D. 泥土被烧制成砖块	2	理解分析	教材	物质的几种变化	1.5 物体在变化时，构成物体的物质可能改变，也可能不改变。	简单
4	科学观念	选择	垃圾分类中的可回收垃圾，是利用物质的（　），回收再利用。 A. 产生新物质的变化 B. 不可逆变化 C. 可逆变化 D. 以上都不是	2	理解应用	生活	可逆变化	1.5 物体在变化时，构成物体的物质可能改变，也可能不改变。	简单
5	科学思维	选择	我们看到太阳每天东升西落，是以（　）为参照物。 A. 月球 B. 地球 C. 太阳 D. 其他星体	2	理解分析	生活	静止和运动	4.1 可以用某个物体相对于另一个物体的方向和距离来描述该物体在某个时刻的位置。	中等

169

（续表）

题目序号	素养维度	题型	题目	分值	认知水平	命题素材	试题分析		难易度分析
							教材内容	课标要求	
6	科学观念	选择	不同的交通工具运动快慢不同，随着科学技术的发展，目前磁悬浮列车是地面上运动较快的交通工具，物体运动的快慢通常是用（　）来描述的。 A. 时间长短 B. 距离远近 C. 速度大小 D. 运动方式	2	理解分析	生活现代科技	距离和时间	4.2 通常用速度大小描述物体运动的快慢。	简单
7	科学观念	选择	地球同步卫星，以地球为参照物，同步卫星是（　）状态。 A. 运动 B. 静止 C. 由运动到静止 D. 无法判断	2	理解分析	现代科技	静止和运动	4.1 可以用某个物体相对于另一个物体的方向和距离来描述该物体在某个时刻的位置。	简单
8	科学观念	选择	发射卫星时要顺着地球自转的方向发射运载火箭，原因是（　）。 A. 方便发射 B. 借助地势，确定发射方向 C. 借助地球自转的方向，利用惯性，提高速度 D. 没有具体原因，习惯性做法	2	理解分析应用	现代科技	惯性	5.2 物体运动的改变和施加在物体上的力有关。	较难

（续表）

题目序号	素养维度	题型	题目	分值	认知水平	命题素材	试题分析		难易度分析
							教材内容	课标要求	
9	科学观念	选择	动物的运动方式与它们的（　）有着密切的关系。 A. 生活环境 B. 天敌 C. 身体结构 D. 生活习性	2	分析	教材拓展	动物的运动方式	9.3 动物的行为能够适应环境的变化	简单
10	科学观念	选择	地球自转一周的时间为（　），由此形成了昼夜交替。 A. 一年 B. 一个季节 C. 24小时 D. 一个月	2	识记	教材生活	昼夜交替	13.1 地球每天自西向东围绕地轴自转，形成昼夜交替等有规律的自然现象。	简单
11	科学观念	选择	如图所示的月相，出现的时间应该是在（　）。 A. 农历的初一 B. 农历的初七 C. 农历的十五 D. 农历的二十三	2	理解分析	教材生活	月相	13.3 月球围绕地球运动，月相每月有规律的变化。	中等

（续表）

题目序号	素养维度	题型	题目	分值	认知水平	命题素材	试题分析		难易度分析
							教材内容	课标要求	
12	科学观念	选择	在元宵节我们可能看到的天文景观是（　　）。 A. 看到一个半圆的月亮 B. 发生月食现象 C. 发生日食现象 D. 看到一个弯弯的月牙	2	理解分析应用	生活	月食	·描述月球、地球和太阳的相对大小和相对运动方式。	中等
13	科学思维	选择	鸡为昼行性动物，根据鸡的习性，秋天光线逐渐暗淡时，为提高鸡的产蛋量，可以（　　）。 A. 把鸡舍的灯关掉 B. 打开鸡舍的灯，制造人工白昼 C. 增加喂食次数 D. 播放音乐	2	理解分析应用	教材生活实例	昼夜与生物	13.1 地球每天自西向东围绕地轴自转，形成昼夜交替等有规律的自然现象。 9.3 动物的行为能够适应环境的变化。	简单
14	探究实践	选择	神舟十三号飞行乘组航天员翟志刚、王亚平、叶光富为我们进行太空授课时，部分同学在地球上也同步进行了相同的实验，同样的实验，在空间站和地球上出现了不同的实验现象，这和我们本学期的（　　）实验采用了同样的探究方法。 A. 研究馒头发霉的原因 B. 观察蜡烛的变化 C. 研究四季更替的原因 D. 研究昼夜交替的原因	2	理解分析评价	航空科技热点	探究方法：对比实验	·了解人类对宇宙的探索历史，关注我国及世界空间技术的最新发展。通过模拟实验、建构模型等方法进行探究。	中等

（续表）

题目序号	素养维度	题型	题目	分值	认知水平	命题素材	试题分析		难易度分析
							教材内容	课标要求	
15	科学思维	选择	探索月球的历程中，人类观察月球的工具和技术发生了变化，按照观测月球方法进展的顺序排列正确的是（　）。 ①探月飞行器观察月球 ②用望远镜观察月球 ③载人登月观察月球 ④肉眼直接观察月球 ⑤射电雷达观察月球 A.④⑤①②③ B.④②⑤①③ C.①②③④⑤ D.⑤①②③④	2	分析	教材拓展	人类探月历程	·了解人类对宇宙的探索历史，关注我国及世界空间技术的最新发展。	中等
16	科学观念	选择	宇航员在月球上的感受正确的是（　）。 A.这里是无声的世界，只有陨石的撞击声打破了月球的寂静 B.穿着宇航服，手拿探测器在月面举步维艰 C.闲暇时宇航员可以放放风筝轻松一下 D.暴风骤雨来临时，要在帐篷下躲避	2	识记理解分析应用	教材拓展	月球的环境	·描述月球表面的概况。	简单

（续表）

题目序号	素养维度	题型	题目	分值	认知水平	命题素材	试题分析		难易度分析
							教材内容	课标要求	
17	探究实践	选择	在长方形纸盒的盒底，左边放干土，右边放湿土，干土与湿土间隔一段距离，在盒中间没有土的地方放5条蚯蚓，这个实验设计中，改变的条件是（　）。 A. 蚯蚓的数量 B. 明暗环境 C. 干湿环境 D. 无法判断	2	理解分析	教材	研究蚯蚓喜欢的环境	9.3 动物的行为能够适应环境的变化	简单
18	探究实践	选择	解放军反恐部队到白雪皑皑的深山中执行任务，穿的棉衣外面加白色斗篷，是受动物（　）的启示。 A. 保护色 B. 警戒色 C. 拟态 D. 以上都是	2	理解应用创造	教材实例	保护色	9.3 动物的行为能够适应环境的变化	简单
19	科学观念	选择	生活中，我们看到窗台上植物的叶子或花会朝向窗外，这是因为植物有（　）。 A. 向水性　B. 向地性 C. 向肥性　D. 向光性	2	理解分析应用	生活	植物的向光性	8.3 植物能够适应其所在的环境。	简单

（续表）

题目序号	素养维度	题型	题目	分值	认知水平	命题素材	试题分析		难易度分析
							教材内容	课标要求	
20	科学观念	选择	下面这几条食物链中正确的是（　　）。 A. 黄鼠狼→鸡→虫子 B. 油菜花→蜜蜂→蜘蛛 C. 棉花→七星瓢虫→蚜虫 D. 田鼠→蛇→鹰	2	理解分析评价	教材拓展	食物链	12.2 动物的生存依赖于植物，一些动物吃其他动物。	中等
21	科学观念	选择	华南虎是我国特有的一个虎种，曾在我国大部分地区有分布，现在华南虎现已濒临灭绝。造成华南虎数量减少的主要原因是（　　）。 A. 人类对森林滥砍滥伐造成的 B. 华南虎抗病能力差 C. 华南虎食物缺乏 D. 华南虎的天敌过多	2	分析评价	生活实例	珍稀动植物	12.4 自然或人为干扰能引起生物栖息地的改变，这种改变对于生活在该地的植物和动物种类、数量可能产生影响。	简单
22	探究实践	选择	直升机的发明创造是受（　　）的启示。 A. 蝙蝠　B. 蜻蜓 C. 鹰　　D. 青蛙	2	分析创造	教材生活	生物的启示	·知道很多发明可以在自然界找到原型。	简单

175

（续表）

题目序号	素养维度	题型	题目	分值	认知水平	命题素材	试题分析		
							教材内容	课标要求	难易度分析
23	探究实践	选择	下面（①—④）是小明做"铁生锈"实验时做的观察记录，从记录中我们可以看出铁生锈的必要条件是（　　）。 ①试管内放干燥剂，无铁锈； ②试管内放少量水，浸没铁钉一部分，铁钉紧密接触水面的地方有铁锈； ③试管内放满水，将铁定完全浸没，无铁锈； ④试管内放少量水，加少量食盐，浸没铁钉一部分铁钉接触水面的地方有铁锈，生锈速度比2号快。 A.潮湿的环境 B.有空气的环境 C.有盐 D.潮湿的空气	2	分析	教材	研究铁生锈的条件	1.5物体在变化时，构成物体的物质可能改变，也可能不改变。	中等

（续表）

题目序号	素养维度	题型	题目	分值	认知水平	命题素材	试题分析		难易度分析
							教材内容	课标要求	
24	科学观念	判断	新冠病毒可以在物体表面存活一段时间，说明病毒不用寄生在其他生物细胞里，也能生长、繁殖。（　）	2	理解分析应用	生活	病毒的特点	7.5 地球上多种多样的微生物与我们的生活密切相关。	中等
25	科学观念	判断	细菌会导致人生病，对人类只有危害，没有益处。（　）	2	分析评价	生活	细菌与人类关系	7.5 地球上多种多样的微生物与我们的生活密切相关。	简单
26	科学观念	判断	味道鲜美的蘑菇，是一种喜欢阴暗、潮湿环境的植物。（　）	2	理解识记	生活	蘑菇属于真菌	7.5 地球上多种多样的微生物与我们的生活密切相关。	简单
27	科学观念	判断	只要把食物放在冰箱冷冻保存，就不会变质。（　）	2	应用评价	生活	细菌与人类关系	7.5 地球上多种多样的微生物与我们的生活密切相关。	简单

(续表)

题目序号	素养维度	题型	题目	分值	认知水平	命题素材	试题分析		
							教材内容	课标要求	难易度分析
28	科学观念	判断	牛奶做成胶水或酸奶，都产生了新物质。（　）	2	理解应用	生活	牛奶的变化	1.5 物体在变化时，构成物体的物质可能改变，也可能不改变。	简单
29	科学思维	判断	把铁、铬和碳放在一起烧制成不锈钢，防止铁生锈，是利用铬能防止生锈的特性。（　）	2	分析创造	生活	防止铁生锈	1.5 物体在变化时，构成物体的物质可能改变，也可能不改变。	中等
30	科学思维	判断	自行车向前行驶，车轮只有转动这一种运动方式。（　）	2	理解分析	生活	物体运动方式	4.3 物体的机械运动有不同形式。	简单
31	科学观念	判断	一年四季温度差异较大，是因为地球在公转过程中离太阳的远近不同形成的。（　）	2	理解分析	生活	四季更替原因	13.2 地球每年自西向东围绕太阳公转，形成四季等有规律的自然现象。	中等

（续表）

题目序号	素养维度	题型	题目	分值	认知水平	命题素材	试题分析		
							教材内容	课标要求	难易度分析
32	科学观念	判断	在中国，一年中白天时间最长的是夏至日。（　）	2	识记	教材生活	节气	13.2 地球每年自西向东围绕太阳公转，形成四季等有规律的自然现象。	简单
33	态度责任	判断	2020年12月17日，探月工程嫦娥五号返回器顺利回归，月球采壤任务圆满完成。（　）	2	评价	航空科技热点	我国探月进展	·了解人类对宇宙的探索历史，关注我国及世界空间技术的最新发展。	简单
34	科学思维态度责任	判断	草原生态系统中，狼喜欢猎食小动物，可以对狼进行捕杀，以保护小动物。（　）	2	理解分析评价	情境创设	密切联系的生物界	12.4 自然或人为干扰能引起生物栖息地的改变，这种改变对于生活在该地的植物和动物种类、数量可能产生影响。	中等

（续表）

题目序号	素养维度	题型	题目	分值	认知水平	命题素材	试题分析		难易度分析
							教材内容	课标要求	
35	态度责任	判断	野生动物保护法规定，捕杀珍稀动物的人要受到法律制裁。（ ）	2	理解分析评价	教材	珍稀动植物	·认识到保护身边多种多样的生物非常重要。	简单
36	科学观念	画图	请用画图的方式来表示四季更替的原因。	6	理解识记	教材	四季更替原因	13.2 地球每年自西向东围绕太阳公转，形成四季等有规律的自然现象。	中等
37	探究实践	画图	葱叶和鸡蛋都属于拱形结构，经过研究，我们发现拱形结构能承受很大的力量，把受到的压力均匀的分散开，如果在拱形结构的上面施加压力，请用图示来表示拱形结构的受力情况。	6	理解分析应用	教材	生物的启示	·知道很多发明可以在自然界找到原型。	较难

（续表）

题目序号	素养维度	题型	题目	分值	认知水平	命题素材	试题分析		难易度分析
							教材内容	课标要求	
38	科学思维	分析	我国是世界上动植物种类最多的国家之一，珍稀动植物为什么会濒临灭绝呢？	6	分析评价	时事新闻	珍稀动植物	12.4 自然或人为干扰能引起生物栖息地的改变，这种改变对于生活在该地的植物和动物种类、数量可能产生影响。	简单
39	态度责任	分析	分析资料，结合自己的认识，说一说如何保护珍稀动植物。	6	分析应用评价创造	时事新闻	珍稀动植物	·认识到保护身边多种多样的生物非常重要。	较难
40	科学思维	分析	人们受生物启发进行发明创造，让仿生技术更好地服务于我们的生活，请你结合材料中的实例来描述仿生的完整过程。	6	理解分析应用	教参实例	生物的启示	·知道很多发明可以在自然界找到原型。	中等

181

小学科学六年级上册学期学业质量检测题目设计分析

本试题设计，以现行青岛版小学科学教材为依据，体现（2022年版）《义务教育科学课程标准》理念精神要求，注重素养立意，强化育人导向，全面考查学生的科学观念、科学思维、探究实践和态度责任，测试题目做到了覆盖核心素养的四个维度。基于情境命题，素材选择来源于生产生活实际、最新科技热点，紧贴学生常见的现象、实例进行设计，题目具有情境性、开放性、综合性、探究性、表现性，主要考核学生对主要概念、核心概念的理解、分析、应用、评价、创造等方面，注重考查学生运用所学知识解释与解决实际问题的能力。具体情况分析如下：

一、素养维度覆盖及分值比例

测试题目做到了覆盖核心素养的四个维度：科学观念、科学思维、探究实践和态度责任。试题总分100分，涉及科学观念的题目共计48分，占比48%；涉及科学思维的题目共26分，占比26%；涉及探究实践的题目共计16分，占比16%；涉及态度责任的题目共计10分，占比10%。

二、命题素材来源贴近学生生活的情况

素材选择来源于生产生活实际、最新科技热点、时事新闻，紧贴学生常见的现象、实例进行设计。其中2个题目素材为目前学生正在经历的新冠肺炎疫情，另外还涉及航天科技热点：神舟十三号三位宇航员天宫授课、嫦娥五号返回器携带月壤顺利回归；生活热点：垃圾分类；科技发展：磁悬浮列车、同步卫星、卫星发射；时事新闻：救助了一尾被植入芯片的国家一级保护动物——长江鲟；生活实例：仿生薄壳式建筑——天津博物馆。此部分题目占比34%。

总体分析，源于生活素材的题目占比30%，源于教材或教参中生活

实例的题目占比18%，源于教材探究实践方面的内容占比20%，将教材内容拓展的题目占比8%，创设情境题目占比2%，科技热点、时事新闻题目占比22%。综合分析各方面题目占比情况，题目的设计充分体现了情境性、开放性、综合性、探究性、表现性。

三、基于教材又不囿于教材的创新

综合分析题目所涉及各个方面的比值情况，源于教材探究实践方面的内容仅占20%，其他题目均来源于生产生活实际、最新科技热点、时事新闻，紧贴学生常见的现象、实例，充分体现了基于教材又不囿于教材的创新设计理念。

四、对课程标准要求的落实

每一个题目的设计都对应相关的教材内容和课标要求。涉及的核心概念有：生命系统的构成层次，物质的变化与化学反应，物质的运动与相互作用，宇宙中的地球，生物与环境的相互关系，技术、工程与社会。

题目的设计全面考查学生的科学观念、科学思维、探究实践和态度责任，做到了覆盖核心素养的四个维度。

科学观念方面：初步认识常见物质的变化，知道物体变化时构成物体的物质可能改变也可能不改变；简单描述生物与生物之间、生物与环境之间相互依存的关系；知道太阳、地球和月球的周期性运动及相关的自然现象；能认识到太空探索拓宽了人类的视野；能认识到调整人类不合理的生产和生活方式，可以减少对地球环境的影响；知道利用技术与工程能提高生产效率和工作效率，知道技术与工程对科学发展有促进作用。

科学思维方面：通过分析、比较、抽象、概括等方法，抓住简单事物的本质特征，展示对事物的系统、结构、关系、过程及循环的理解，能使用或建构模型，解释有关的科学现象和过程。掌握比较的方法和分类的基本要求，善于用类比的方法认识事物的特征，理解归纳推理和演绎推理的基本方法并用于解决真实情景中的简单问题，抽象概括常见事物的本质特征，比较全面地分析问题的各种影响因素；分析科学实验中的变量控制。具有基于事物的结构、功能等展开想象的能力，能运用重组思维、发散思维、突破定势等创造性思维的基本方法，基于科学原理提出有一定新颖性和合理性的观点。

探究实践方面：能设计控制变量的实验方案；能用科学语言、概念图、示意图等表述探究结果，并运用分析、比较、推理、概括等方法得出科学探究的结论。初步具有评价、反思、改进的能力。

态度责任方面：具有对自然现象的好奇心和探究热情；能基于证据和逻辑得出结论，实事求是；不迷信权威，敢于大胆质疑，追求创新；热爱自然、珍爱生命，具有保护环境、节约资源、推动生态文明建设和可持续发展的责任感；能对与科学技术相关的社会热点问题做出正确的价值判断，尊重科学，反对迷信；遵守科学与技术应用的公共规范、法律法规和伦理道德，维护自身和他人的合法权益，捍卫国家利益。

五、情境性、开放性、综合性、探究性题目的设计

从题目涉及的各方面内容来分析，源于生活或生活实例的设计都是以现实及学生常见现象为背景创设问题情境，体现了题目的情境性，另外有关科技热点、时事新闻的题目属于社会大情境，情境性的题目总占比达到72%；探究性题目方面主要涉及了铁生锈、馒头发霉、物质的几种变化、四季更替及昼夜交替原因等方面，占比达到近20%；题目的设计基于教材而不囿于教材，取材广泛，关注科技发展与时事，充分体现了开放性和综合性。

六、难易度分析

综合分析40个题目，简单题目占比52%，中等题目占比34%，较难题目占比为14%；科学观念方面难易度为0.8—0.9，科学思维方面难易度为0.7—0.8，探究实践方面难易度为0.7—0.8，态度责任方面难易度为0.5-0.6，试题整体难易度为0.7-0.8。

后 记

奋斗的青春　无悔的教育之路
——记我的个人专业成长

周燕，中共党员，2001年7月毕业后就以满腔热情投身于小学科学教学工作，同时兼任数学学科。从教二十一年来，始终秉承"用心做教育，爱心铸师魂"理念，努力坚守在教学一线，用奋斗的青春且行且思在无悔的教育教学之路，成为学生喜爱、家长认可、同事敬佩的优秀教师。在发展学生、成长自己、带动团队方面取得了一定的成绩，获"全国创新型优秀教师""全国优质课一等奖"，被评为"济南市教科研先进个人""济南市优秀班主任""历城区首批名教师""历城区教书育人楷模""历城区名师工作室主持人""历城区优秀教师""历城区优秀教育工作者""历城区青年建功模范""历城区教学能手""历城区学科带头人""历城区青年岗位能手"，入选"济南市基础教育评估专家库"，兼任"历城区小学科学兼职教研员"等。

一、以德立身、以身立教，做优秀师德践行者

以德立身、以身立教，有强烈事业心和责任感，对工作精益求精。在学生培养方面，努力提升自身素质，用自己的人格魅力去影响学生，感染学生，让学生的心灵得到健康发展，形成良好的个性心理品质和行为习惯，用自己渊博的知识去引导学生，让学生在愉悦的环境中获得知识、形成能力，用真心和爱心让每一个孩子做更好的自己、体验成长的快乐与成功的喜悦。

青年教师引领方面，为促进青年教师快速成长，经常把自己在教学中的一些思考和经验进行分享交流，每学期都承担很多区域性的任务，如执教公开课、担任各类评选的评委、做教材培训、送教送研、深入学

校进行业务检查指导、参与"青蓝工程"师徒结对活动、赴外地作专题报告等，2021年3月，入选济南市基础教育评估专家库，参与各类评估工作，一切活动的参与都是在用实际行动发挥一名骨干教师的引领示范作用，使课程理念深入人心，带动身边的每位教师积极主动的进行教学改革、实践，目前指导的校内及校外的青年教师在各级各类评选活动中都取得了优异的成绩，发展势头非常好，部分教师已成长为学校乃至区域的骨干教师。

二、不断钻研、不断提升，做学生成长摆渡人

教学工作之余，不断加强新课程理论学习，积极参加各级各类教研活动，多次赴名校参观学习。在实践中，一直进行"核心素养导向下单元整体教学"的探索和研究。基于核心素养，围绕核心概念，创设符合学生年龄特征的真实情境，从教学目标的确立到实施，再到目标达成的反思评价，任务驱动，评价支撑，在大情境、大任务中，把课时内容融合为一个单元整体，实现了把课程标准细化为阶段目标、课时目标，课时目标、阶段目标又共同指向总体学习目标的达成。在此期间，过程性评价与终结性评价作为一个有机整体，过程性评价与学生学习活动交融在一起，终结性评价为总体学习目标的达成又提供真实依据，真正实现"教—学—评"一体化的闭环设计，为学生科学素养的发展提供指导与支持。

在实验教学工作中，严格执行《义务教育科学课程标准》（2022年版）探究实践活动要求，想办法克服材料方面的困难，创造性地从生活中寻找各种物品，为学生准备好相关实验材料，以保证实验课的顺利进行及课堂教学效果，做到让每位同学亲身经历每一个分组实验，每位同学亲眼观察每一个演示实验。注重小组合作能力的培养，在长期的研究探索中，采用给小组成员编号的方式，让学生轮流执行组内的任务分工：解说、操作、观察、记录，在分工明确的基础上，合作交流、提高认识、共同发展。另外还遵循"问题探究学习模式"设计制定了各组的实验记录手册，学期初整理好本册的所有分组实验，表格中包括：实验主题、实验目的、材料、过程及发现、结论及注意事项，装订成册、每组一本，作为对学生小组合作效果分析的一项标准来使用。学生对科学课的兴趣日益浓厚，良好的科学学习习惯逐步养成。

全身心地投入到科学教学中，并把科学的思想传递给孩子们，燃起孩子们的科学学习热情，在课堂中和孩子们一起产生思维碰撞，打造充满灵性的科学课堂。日常的课堂教学中，除了通过各种渠道尽量为孩子们准备充分的材料，为探究活动做好保障、激发孩子们的探究兴趣，还采取一些其他的方法把孩子们带入生动有趣的科学殿堂，如课前听有声科学小故事、课前交流日常生活科学小知识，或把媒体中一些与科学有关的节目推荐给孩子，如介绍科学家故事的动画片《龙脉传奇》、科教频道的《我爱发明》《走进科学》《探索·发现》《自然传奇》，还有中央1播出的科学实验节目《加油向未来》等等，在潜移默化中激起孩子们学习科学的兴趣并拉近与科学的距离，生活即科学、科技改善生活的思想在孩子们头脑中初步形成。

结合学校的"阅读"文化教育，为孩子们推荐《博物》等科学方面的书籍，其中有这样一本书《让孩子着迷的77×2个经典科学》孩子们读起来非常入迷。一次调查中，发现大多数孩子因为材料限制，只是读了其中的小实验，而没有去做一做真正感受科学的神奇，看得出孩子们比较期盼。于是结合学校课前小活动的要求，我告诉孩子们可以利用科学课前三分钟展示自己觉得书中最有趣的小实验，教室里顿时欢腾起来，孩子们叽叽喳喳的开始选择自己容易准备材料又有趣的小实验。现在小实验展示已经成了大家非常期盼的时刻，每次大家都积极踊跃地抢着"预约"展示。在一次次的展示锻炼中，孩子们收获的不仅是动手操作的能力和科学知识，更可喜的是孩子们把这份积极与热情也延伸到了科学课堂。课内、课外互为补充，充分激发了孩子们的探究欲望。组织学生参加各级各类比赛活动，多次获一等奖。教育需要智慧与不断的创新，才能给孩子更好的发展空间。

三、不断总结、不断反思，做团队发展引领者

作为小学科学兼职教研员、中心组成员、学科带头人，我一直担任学校的科学中心教研组长，还担任区项目组组长、区名师工作室主持人，组织发展各个层次的教师团队，共同发展。从教二十一年，经历过4所学校，每到一个学校，都能带动教研组工作快速发展。教研活动的开展，在规范基础上求创新，从抓常规入手，通过集体备课、磨课、专题研讨等形式，指导教师学会备课、上课、设计作业，在反复研讨中发现并挖

掘教师亮点，在打磨和推广中把教师亮点提升为教师个人的教学特色，实现教师专业成长。多次在区域活动中分享教研组工作经验，图文结合的课堂笔记、思维导图梳理单元内容、探究活动设计、评价设计等优秀做法在全区推广。

在团队活动中，积极为团队发展出谋划策，为成员教师创造锻炼展示的机会，从课程理念和教学实践两方面入手，通过课题研究、观评课、评价设计研究、微课制作等活动的开展，促进各成员共同发展。

2020年2月开始，采用线上交流研讨的方式指导成员教师进行微课的设计和制作，先后共指导二十几名教师的几十节课，对每节课反复打磨、不断改进，其中有6位老师的微课入选市"空中课堂"平台，另有多位老师的微课或探究活动设计入选历城区资源库。2020年暑假为历城区教育和体育局公众号平台提供科学小实验微课1节，引领全区小学生度过快乐而有意义的假期，2020年10月份在全区科学教学会议中介绍教研组工作经验，为全区科学老师提供可参考借鉴的教研活动开展思路，2021年、2022年暑期协助组织全区科学教师培训，在指导帮扶中助力每位教师的成长。

四、不断改革、不断创新，做教育科研先行者

重视教科研活动，加强课题研究。带领教研组成员先后对十几个微课题进行了深入研究，并取得了一定的成果。在组织好本校教研活动的基础上，我先后7次参与、主持了省、市级"十一五""十二五""十三五"课题的研究，均已顺利结题。2020年4月参与申报了省级课题《农村小学教师基于课题研究的专业发展实践研究》，并结合本校情况对全体教师做了《课题研究的初步认识》的培训活动。2020年7月主持的省教育科学规划课题《小学生科技创客教育途径和内容研究》顺利结题。多篇论文在《中国教师报》《山东教育》《科教导刊》《山东教育报》《新课堂》《新校园》《济南教育》等刊物发表。课题研究的过程，对新的教育理念有了更深的思考和理解，为提升自己、服务课堂、促进学生素养全面发展，奠定了坚实的基础。

"心有目标、向光而行"，在今后教育教学中我将继续不断学习前沿的教育理念，在探索实践中不断提升自身专业水平，为全面提升学生素养提供保障，为带动区域科学教学的研究与发展贡献自己的力量。